经世集

北京大学经济学院
国际论坛讲座集锦

北京大学经济学院 ◎ 编

THE JING-SHI BOOK - A COLLECTION OF INTERNATIONAL FORUMS AND LECTURES BY SCHOOL OF ECONOMICS AT PEKING UNIVERSITY

图书在版编目（CIP）数据

经世集：北京大学经济学院国际论坛讲座集锦 / 北京大学经济学院编. —北京：北京大学出版社，2022.5
　ISBN 978-7-301-33060-9

Ⅰ. ①经⋯　Ⅱ. ①北⋯　Ⅲ. ①国际合作–经济合作–文集　Ⅳ. ①F114.4-53

中国版本图书馆CIP数据核字(2022)第093748号

书　　　名	经世集：北京大学经济学院国际论坛讲座集锦 JINGSHIJI：BEIJINGDAXUE JINGJIXUEYUAN GUOJILUNTAN JIANGZUOJIJIN
著作责任者	北京大学经济学院　编
责任编辑	兰　慧
标准书号	ISBN 978-7-301-33060-9
出版发行	北京大学出版社
地　　　址	北京市海淀区成府路205号　100871
网　　　址	http://www.pup.cn
微信公众号	北京大学经管书苑（pupembook）
电子信箱	em@pup.cn
电　　　话	邮购部010-62752015　发行部010-62750672　编辑部010-62752926
印　刷　者	涿州市星河印刷有限公司
经　销　者	新华书店
	720毫米×1020毫米　16开本　18印张　292千字 2022年5月第1版　2022年5月第1次印刷
定　　　价	96.00元（精装）

未经许可，不得以任何方式复制或抄袭本书之部分或全部内容。
版权所有，侵权必究
举报电话：010-62752024　电子信箱：fd@pup.pku.edu.cn
图书如有印装质量问题，请与出版部联系，电话：010-62756370

献礼北京大学经济学院成立 110 周年

编委会名单

主　编：董志勇　崔建华

编　委：（按照姓氏笔画顺序排列）

　　　　王宜然　吴泽南　宋芳秀　张　辉

　　　　张亚光　张　迪　林玮玮　周　超

　　　　赵留彦　秦雪征　锁凌燕

序
PREFACE

启绘华章邀天下，群贤论道聚燕园。秉承北京大学"思想自由、兼容并包"的理念，北京大学经济学院采取了一系列卓有成效的国际化举措，并以高端讲座、国际会议、海外论坛等方式面向全球资源构建新型教育教学平台，为来自世界各地的专家学者进行交流研讨、为中国不断融入全球化世界经济合作搭建了重要广阔的平台。

巍巍上庠，世纪弦歌不辍；经世济民，百年再续华章。今年是北京大学经济学院成立110周年，拥有深远历史和悠久学术传统的北京大学经济学院，在立足于学科优势的同时，不断扩大国际交流的广度和深度，形成了一系列有影响力的国际合作成果，在此基础上，学院编写了《经世集——北京大学经济学院国际论坛讲座集锦》以收录近五年来经济学院举办的系列国际讲座与会议，献礼经济学院成立110周年。

为使师生进一步接触国际学界研究前沿理论、融入国际一流学术群体，北京大学经济学院举办了"诺奖得主面对面""外国驻华大使眼中的中国经济""国际顶刊主编讲坛""名师论道""国际网络课堂"等系列讲座活动，邀请国际著名专家学者来校演讲，与师生深入交流，为广大师生从事学术科研提供了强有力的支撑，极大促进了经济学前沿理论的传播，为北京大学经济学科的建设和发展做出了重要贡献。在这些讲座活动中，包括诺贝尔经济学奖得主詹姆斯·赫克曼（James Heckman）教授、芬恩·基德兰德（Finn Kydland）教授、克里斯托弗·皮萨里德斯（Christopher Pissarides）教授、托马斯·萨金特（Thomas Sargent）教授在内的国际知名学者和《政治经济学杂志》主编埃米尔·卡梅尼卡（Emir Kamenica）、《经济理论杂志》首席主编亚历山大·帕万（Alessandro Pavan）等世界顶级期刊主编以及时任美国驻华大使泰里·布兰斯塔德（Terry Branstad）、时任欧盟驻华大使汉斯·史伟（Hans Schweisgut）等在内的国际政坛知名人士来校演讲并与学生交流，为学生接触世界科学文化前沿、开拓国际学术视野、提升自身国际化水平创造了条件。

为推动实现北京大学在新时代下的全球互联，经济学院始终坚持和扩大国际讲座及学术论坛的数量与质量，形成由学科主导、各专业承办的国际论坛筹备模式，并尝试与海外知名学术机构联合举办国际化的学术活动，力争将国际合作与学科发展和师资力量建设相结合，举办了包括微观经济学理论专题国际学术研讨会、宏观与货币经济学理论专题国际学术研讨会、策略性信息传递国际研讨会、2019亚太创新国际会议、生态经济学与生态文明国际会议等多场国际会议；同时，依托由北京大学、北京市教育委员会和韩国高等教育财团共同主办的"北京论坛"，先后成功主办了"基于新政治经济学的理论与实践探讨""有关国际发展援助的系列问题研究""'一带一路'与全球经济治理""健康中国2030：国际视角下的医疗政策与改革"等经济分论坛。在这些会议上，包括诺贝尔经济学奖得主阿玛蒂亚·森（Amartya Sen）教授等在内的来自世界各国的数千位经济学界的专家学者展开了广泛的交流研讨，形成了一系列具有重要意义的观点主张和学术成果。

为进一步扩大海外影响力，在世界舞台上发好中国声音，北京大学经济学院注重"引进来"和"走出去"相结合，先后在美国纽约州和加利福尼亚州举办了"北京大学经济学院北美论坛"、在英国牛津大学举办"北京大学经济学院欧洲论坛"等海外论坛，主动登上世界舞台，讲述中国发展故事，介绍中国经济政策，推动中国经济研究和经济理论与世界学术共同体的融合。利用这些平台，北京大学经济学院的师生走出国门，拓展视野，了解世界。海外论坛的开展为师生与国际一流学者对话、加深对"一带一路"倡议的理解和扩展学院学术影响力搭建了良好平台。

  本书收集了以上系列活动中的主要演讲内容，力争以此形式记录演讲嘉宾的精彩观点以飨读者。面对时代的机遇和挑战，北京大学经济学院将继续以开放融通为引领，聚集全球优质教育资源，通过更高水平更高质量的国际化发展进一步推动国际新型知识社区建设，打造全球知识和学术共同体。由于水平所限，本书难免有疏漏和不足之处，敬请广大读者给予批评指正。

本书编委会
2022年春于北京大学

系列讲座篇：名师荟萃，聆音察理

● "诺奖得主面对面"系列讲座 / 003

005　克里斯托弗·皮萨里德斯：人工智能时代人类工作和产业就业将何去何从

013　托马斯·萨金特：贸易等公共政策研究中的"不确定性"因素考量

018　詹姆斯·赫克曼：收入差距与社会流动性问题解决的"技能创造"之道

025　芬恩·基德兰德：经济学的系统学习方法以及宏观经济中的周期问题研究

● "外国驻华大使眼中的中国经济"系列讲座 / 031

033　美国驻华大使谈发展协作共赢的中美经济关系

037　欧盟驻华大使解析后金融危机时代中欧经济关系的前景

042　欧洲委员会经济与金融事务总司长谈新时期的全球治理及中欧参与

047　意大利驻华大使与意大利经济发展部副部长谈中意经济关系

052　新加坡驻华大使解读新加坡的"小国生存之道"

059　日本前驻华大使宫本雄二谈百年未有之大变局与中日关系

◉ "国际顶刊主编讲坛"系列讲座　/ 065

067　《政治经济学杂志》主编埃米尔·卡梅尼卡教授讲座

074　《经济理论杂志》主编亚历山大·帕万教授讲座

080　《银行与金融杂志》主编托尔斯滕·贝克教授讲座

085　《亚太风险与保险杂志》主编约翰·权教授讲座

◉ "名师论道"系列讲座　/ 093

095　对话罗伯特·巴罗教授：中国与世界经济增长

101　与亚历山大·利泽里教授探讨公共政策与公共债务问题

110　埃内斯托·达尔贝奥教授的政治经济学研究

115　克耶蒂尔·斯多尔斯莱登教授的中国经济问题研究

◉ "国际网络课堂"系列讲座　/ 119

121　蒂姆·基欧教授主讲"国际贸易"课程

128　兰德尔·莱特教授主讲"货币、信用、支付和金融市场前沿理论"国际系列课程

138　竹中平藏教授解析日本经济政策和疫情后的亚洲

143　邓钢教授以宏观视角讲解中国大历史

国际会议篇：学者云集，研学互鉴

◉ 经济学专题系列学术研讨会　/ 153

155　微观经济学理论专题国际学术研讨会

164　宏观与货币经济学理论专题国际学术研讨会
173　制度、改革与经济发展国际学术研讨会
179　生态经济学与生态文明国际会议
186　策略性信息传递国际研讨会
196　2019亚太创新国际会议
201　技术变革、劳动力市场与收入分配国际学术研讨会
206　量化历史研究国际年会
212　构建包容高效的国际发展援助与合作体系国际研讨会

● 北京论坛经济政策系列研讨会　/ 215

217　基于新政治经济学的理论与实践探讨
221　有关国际发展援助的系列问题研究
225　"一带一路"与全球经济治理
231　健康中国2030：国际视角下的医疗政策与改革

● 北京大学经济学院"海外论坛"系列研讨会　/ 235

237　北京大学经济学院首届北美新年论坛：中国与世界经济
245　北京大学经济学院首届欧洲论坛："一带一路"框架下的世界经济合作与发展
258　北京大学经济学院第二届北美新年论坛：中国与全球经济——挑战、机遇与共同繁荣
262　北京大学经济学院第二届欧洲论坛：后疫情时代下的全球经济前景

参考文献　/ 270

系列讲座篇

名师荟萃，聆音察理

"诺奖得主面对面"系列讲座

在世界范围内，诺贝尔奖通常被认为是所颁奖领域内全人类最高的荣誉，诺贝尔经济学奖则是全球经济学领域最重要的奖励。为拓宽北京大学师生的研究视野，助其近距离接触国际学术前沿，进而提升创新思维与能力，北京大学经济学院推出"诺奖得主面对面"系列讲座，为北大师生创造了一个与诺贝尔经济学奖得主面对面沟通与对话的高端平台。2018年9月至2021年1月，"诺奖得主面对面"系列讲座已成功举办四期，邀请了包括2000年诺贝尔经济学奖得主、美国芝加哥大学讲席教授詹姆斯·赫克曼（James Heckman），2004年诺贝尔经济学奖得主、美国加州大学圣芭芭拉分校讲席教授芬恩·基德兰德（Finn Kydland），2010年诺贝尔经济学奖得主、伦敦政治经济学院著名经济学家克里斯托弗·皮萨里德斯（Christopher Pissarides），2011年诺贝尔经济学奖得主、美国纽约大学讲席教授托马斯·萨金特（Thomas Sargent）在内的国际知名学者来校演讲并与师生交流。

"诺奖得主面对面"系列讲座的举办为全校师生搭建了一个对话大师、提升自我以及接触经济学国际前沿研究成果的高端平台。师生在讲座交流中拓宽了自身的学术视野，并且通过与诺贝尔经济学奖得主的近距离对话提升了自身的创新思维能力，收获了难忘的学术体验。

克里斯托弗·皮萨里德斯：人工智能时代人类工作和产业就业将何去何从

镜头：克里斯托弗·皮萨里德斯教授"诺奖得主面对面"活动现场

题记

2019年9月15日，2010年诺贝尔经济学奖得主、伦敦政治经济学院克里斯托弗·皮萨里德斯教授应邀访问北京大学经济学院，并分别在经济学院"新生讲堂"和"诺奖得主面对面"活动中发表学术演讲。本期"诺奖得主面对面"活动中，克里斯托弗·皮萨里德斯教授分别以"机器人和人工智能时代的人类工作前景"（The Future of Work in the Age of Robots and Artificial Intelligence）和"工业机器人与产业就业解析——基于十国数据"（Productive Robots and Industrial Employment in Ten Countries）与师生展开了分享。

机器人和人工智能时代的人类工作前景

进入21世纪以来，以人工智能（Artificial Intelligence，AI）和机器人为特色的生产自动化技术正以前所未有的速度发展，人工智能技术已经大量运用在了生产领域，并促使劳动力市场产生结构性转变。在本次演讲中，皮萨里德斯教授围绕机器人和人工智能是什么、技术如何影响市场以及机器人和人工智能如何影响劳动力市场等问题展开分享，展望了机器人和人工智能时代的人类工作前景。

技术对劳动力市场和就业有重要影响，技术的本质随着时间的推移而改变。在讨论所谓的技术之前，理解人工智能的运行方式是十分基础而必要的。机器人是用于执行程序化任务的自动化设备，而人工智能则是基于大数据、信息技术和工程技术等学科协助人们解决问题的机器设备。其中，工业自动化系统、护照识别系统、语音识别系统等电子化系统均是近年来人工智能和机器人领域较为成熟的应用场景。

尽管对人工智能的研究早在20世纪50年代就已经开始，但那时人工智能还停留在比较单纯的科学研究阶段，人工智能的商业化应用也是近些年方才兴起的。在人工智能研究方面领先并比肩前进的是中国和美国。中国在2010年之后甚至将推动整体数字科技尤其是人工智能发展作为举国大计。韩国在人均机器人拥有量方面居于领先地位。其次是新加坡，新加坡的工业是完全机械化、自动化的。德国和日本也遥遥领先于中国。中国尽管在工业机器人总量方面增长迅速，但与上述发达国家相比，还处于较低的发展水平。另外一个不可忽视的问题是，依靠他人研究使自己取得技术进步是不可能的。但凡关注带来了重大创新的绝对前沿的研究，都会发现它们通常来自产业和大学之间的合作。此外，商业部门营造良好的环境以实现新技术应用也必不可少。从数据上来看，尽管中国在机器人使用方面的增长甚至超过了整个欧盟，但与在未来研究处于领先地位的韩国、新加坡、德国、日本等工业发达国家相比，中国在增加研发投入占国内生产总值（GDP）比重以及人均机器人拥有量方面依然任重道远，人工智能和机器人领域的尖端研究仍然亟待工业企业与高校等研究机构的联动合作。

　　回顾历史上那些经济结构较大的变化，人们可以发现主要是技术发展带来了这些变化，这也正是技术影响非中性的意思。问题的关键是，经济结构如何因新技术冲击而改变？纵观三次工业革命，一系列新技术的发展和应用为国家产业结构转型带来了挑战。而每一次工业革命的关键是一个改变我们生产方式的重大发明，譬如蒸汽机对于人力的取代，铁路、内燃机和电力的发明应用。20世纪初，随着电力产品生产线迅速普及，为了满足日益增长的工业产品需求，工业产业的就业率迅速上升，实现了从工业化前的10%上升到40%的巨大飞跃。但是到了20世纪七八十年代，随着包括信息技术在内的新技术的应用和发展，劳动力开始从工业产业逐渐流入服务业等新兴产业。基于计算机的第三次工业革命使得制造业部门比重以及工业就业率持续下降。这一状况同样适用于2012年之后的中国。因此，经济结构转型并不意味着大部分工作岗位会"消失"，而是会"转移"，这一转型将在劳动力市场同时带来工作岗位的"毁灭"（destruction）和"创造"（creation）。

　　第四次工业革命则基于智能和数字技术。数字技术的主要特点是数据，没有大数据，机器人和人工智能就无法工作，而数据只有在不断重复的情况下才会出现。换言之，对于那些依靠人类思维多任务处理的脑力工作、需要精细手工操作的工作（fine finger work）以及指令性不甚明确的工作，机器人依旧无法胜任。基于工作类型总结来看，由于机器人并不擅长需要精细灵巧操作的工作，它们会更多地在程式化类型的工作（例如电话接线员、收银员等）中替代现有劳动力，而在需要情感互动和更为精细化操作的行业中（例

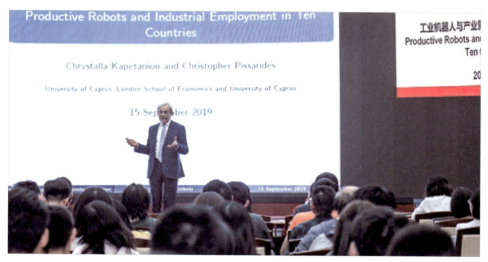

克里斯托弗·皮萨里德斯教授讲座现场

如心理咨询、大学教育、软件开发等,也包括手工行业以及家政业),机器人仍然无法从事非技术性的或者高人力资本的工作。但必须强调,这些新的就业机会的一个特点是生产率增长率低,因为它涉及人与人之间的互动。总体而言,未来的劳动力市场仍将朝着"更少工作时间、更高工作效率"的方向发展。同时,从业者被机器人替代也并非意味着失业,而是向还未被机械化替代的服务业、市场化的家政业以及奢侈品服务业等领域转移。其中,健康护理行业和教育行业将极大受益于工作创造的过程。

针对上述人工智能的发展对劳动力市场的冲击,皮萨里德斯教授指出,政府和企业需要从教育、培训和社交技能三个方面提高劳动者的人力资本,使其能够在人工智能和机器人时代更好地适应劳动力市场变革。在问答环节,皮萨里德斯教授就政府参与程度、人工智能发展的潜在社会问题以及中国人工智能领域发展现状和前景同与会师生进行了互动交流。

工业机器人与产业就业解析——基于十国数据

新技术的应用往往会带来经济结构转型,从而在劳动力市场带来"工作毁灭"和"工作创造"。机器人工业也不例外,它的应用可能会促使劳动力在不同行业间流动。历史上关于机器人技术应用与劳动力流动的相关讨论由来已久,其中著名经济学家约翰·梅纳德·凯恩斯(John Maynard Keynes)和瓦西里·里昂惕夫(Wassily Leontief)分别在1930年和1983年提出"未来机器生产会替代全部劳动力"的观点。然而,他们仅仅意识到了机器人应用带来的"工作毁灭",都忽略了现代社会的"工作创造"能力。美国前总统约翰·肯尼迪(John Kennedy)的观点则更加符合现实,他认为人类不仅能够创造机器使人类脱离劳动,也可以使人类再回到工作中。为此,皮萨里德斯教授强调,工作创造依赖于一个国家的经济结构、工人的技能水平以及工人学习新技术的意愿,而非依赖于机器人本身的技术资本。

皮萨里德斯教授基于机器人的工业应用和地理特征两个方面对既往研究进行了回顾,并进一步提出了理论模型。在理论模型中,皮萨里德斯教授将机器人的生产和消费纳入完全竞争市场下的三部门经济,用于讨论机器人技术应用对劳动力市场均衡的影响。具体而言,部门1同时利用劳动力和机器人生产普通消费品,部门2和部门3分别利用劳动力和机器人生产普通消费品,消费者通过选择部门1和部门2生产的普通消费品数量使自身的效用水平最大化。通过进一步求解企业和消费者市场的均衡,得到的结论为部门1的机器人使用密度仅仅取决于机器人生产者和消费者的技术系数,而机器人技术变革对就业率的影响则同时取决于机器人和劳动力的替代弹性以及最终产品的需求弹性。在此基准模型的基础上,皮萨里德斯教授进一步讨论了当生产函数为柯布-道格拉斯形式等特殊情况时对均衡状态的影响。

克里斯托弗·皮萨里德斯教授深入北京大学经济学院 2019 级新生中进行交流

皮萨里德斯教授使用了 2004—2014 年间包含十个国家和八个工业部门的数据,对理论模型进行了实证检验。他指出,机器人的应用极大地依赖于国家的创新程度,为了识别机器人应用对劳动力分布的影响,模型的关键在于度量国家创新体系(National Innovation System,NIS)的发展情况。NIS 反映了包括大学、工业企业、科研机构及政策制定者在内的各类国家机构对新技术的研发、接受和使用程度,他们的活动和互相的联系能够直接影响技术革新。基于此,皮萨里德斯教授构建了"创新指数"(innovation index)用于衡量国家创新体系,该指数包含七个维度的指标,并将其量化为 1—7 的取值,取值越高,表明该国家的创新程度越高。具体而言,基准回归模型讨论了机器人使用密度和创新指数对劳动力工作时长的影响。最小二乘法(OLS)回归结果显示,机器人使用密度越高,工人工作时长越短;创新指数对工作时长有正向影响,同时创新指数会削弱机器人使用密度对工作时长的负向影响。为了进一步解决模型潜在的内生性问题,皮萨里德斯教授分别利用中国工业机器人密度（2000—2014）、德国工业机器人密度（1993—2007）、韩国工业中年工人工作小时数（1970—1984）作为工具变量（IV）进行两阶段最小二乘估计（2SLS），得出了一致估计结果。

从理论上分析，机器人生产技术的提高是增加还是减少机器人应用领域的就业状况，取决于机器人和劳动力的替代弹性及最终产品的需求弹性。实证结果也表明，在平均水平上机器人的使用会减少就业，但创新指数更高的国家会增加部门就业。在问答环节，皮萨里德斯教授详细回答了听众关于机器人对人类的替代程度、理论模型的扩展和人工智能数据的可得性等方面提出的问题。

【主讲人简介】

克里斯托弗·皮萨里德斯，2010年诺贝尔经济学奖获得者，伦敦政治经济学院教授、塞浦路斯大学欧洲研究教授、塞浦路斯共和国国民经济委员会主席以及香港科技大学教授。皮萨里德斯先后在埃塞克斯大学和伦敦政治经济学院获得学士学位和博士学位。2011年，他担任欧洲经济学会（European Economic Association）主席并获得塞浦路斯共和国十字勋章，这是塞浦路斯共和国的最高荣誉。

皮萨里德斯教授专注于劳动力市场经济学、宏观经济政策、经济增长和结构变革研究。由于在市场搜寻理论和宏观经济方面的突出贡献，皮萨里德斯教授在2010年荣获诺贝尔经济学奖。他基于劳动力市场和宏观经济间的交互作用，提出了搜寻和匹配理论，并由此进一步建立了匹配函数，用于解释在给定时刻从失业到就业的流动状态。他也是利用这一函数进行实证研究和经验估计的先驱之一。皮萨里德斯教授最有影响力的论文《失业理论中的就业创造和就业流失》（Job Creation and Job Destruction in the Theory of Unemployment）发表在1994年的《经济研究评论》（Review of Economic

Studies）中。该论文提出的"莫滕森－皮萨里德斯"模型在现代宏观经济学中具有重大影响,直至今日,它仍是全世界经济学研究生核心课程的一部分。此外,皮萨里德斯教授的著作《均衡失业理论》(*Equitibrium Unemployment Theory*)在宏观经济学文献中具有开创性意义,已被翻译成多种语言,学术影响深远。

近年来,除了聚焦于传统劳动力市场和宏观经济政策等领域,皮萨里德斯教授还高度关注人工智能和机器人对劳动力市场的冲击及其在经济增长中的作用,他始终活跃在学术研究一线,跟踪最新工具方法,不断为推动经济发展和理论进步贡献着自己的力量。

主 | 讲 | 人 | 题 | 词

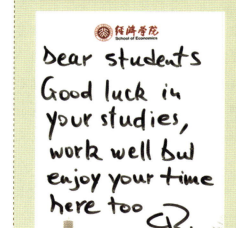

亲爱的同学们,祝愿你们学业顺利,努力工作的同时也享受你们在这里的美好时光。

——克里斯托弗·皮萨里德斯

托马斯·萨金特：贸易等公共政策研究中的"不确定性"因素考量

镜头：托马斯·萨金特教授在"诺奖得主面对面"活动中发表演讲

> **题 记**
>
> 2019年5月10日，"诺奖得主面对面"活动在北京大学经济学院成功举行。2011年诺贝尔经济学奖得主、美国纽约大学讲席教授托马斯·萨金特发表了专题学术报告，来自北京大学、清华大学等海内外四十余所知名高校的四百多位师生参加了相关活动。本次活动中，托马斯·萨金特教授分别以"风险、不确定性、价值与公共政策"（Risk, Uncertainty, Value, and Public Policy）和"美国关税与贸易政策：历史与当下"（US Tariff and Trade Policies: Then and Now）两个主题作了学术报告。

风险、不确定性、价值与公共政策

对宏观经济学而言，模型实际上是一个随机过程，即基于参数向量的随机变量在时间序列上的概率分布。理性预期模型赋予所有主体共同信念，这些主体包括模型内的代表性行为人、模型外的经济学家以及自然环境。这导致在理性预期模型中，由于所有主体拥有共同知识，因而忽视了模型误设的可能性。不确定性恰是对模型误设的担忧。一方面，Ellsberg（1961）的研究结果对 Savage（1954）的主观概率公理体系提出了质疑；另一方面，在统计意义上，基于不同规模的宏观数据集来区分不同的宏观模型是十分困难的。这意味着在模型设定过程中需要考虑模型错误设定的情况。同时，模型中的代表性行为人、政策制定者也应当在决策时对模型的不确定性加以考虑。

决策者拥有一组模型，但其无法通过如复合彩票的方式利用贝叶斯先验概率分布将众多模型简化为单个模型。因此，在模型中引入不确定性的重点在于利用最小－最大化期望效用的方法计算值函数的边界。具体而言，在双人零和博弈中，一个最小化个体（minimizing player）从一组模型中选择一个概率分布来帮助最大化个体（maximizing player）计算值函数的边界并测算策略函数的脆弱性。萨金特教授进一步指出可利用相对熵衡量不确定性。相对熵是对数似然比的期望，它可以在统计意义上衡量模型的差异性。相对熵的特征也表明，在有限样本量下，从统计意义上区分模型是非常困难的。然后，萨金特教授介绍了模型不确定性对模型均衡的影响。他指出，在引入模型不确定性后，人们通常希望得到一个接近于理性预期（基准模型）的均衡数值。在实际应用中，所有代表性行为人可应用共同的近似模型，但一部分人会担忧模型设定错误产生信念的异质性，这将促使形成一个新的均衡，它是递归竞争均衡和子博弈完美均衡的拓展。若在一个代表性消费者模型中分析不确

托马斯·萨金特教授讲座现场

定性扩大的影响,会发现不确定性对均衡数量的影响与贴现因子增长的影响一致,均表现为可观测的等价效应。贴现因子越高,代表消费者越有耐心,因此储蓄越多;而出于对模型错误设定的担忧,消费者也将进行预防性储蓄。

最小-最大化期望效用的投资组合持有者对于最差状况的信念影响了状态依存价格,因此对均衡价格而言,模型不确定性通过偏好冲击的潜在波动放大了普通随机贴现因子的影响,产生了不确定性模型的市场价格。因此,在共同近似模型中增加随机贴现因子的波动性有助于达到汉森-贾格纳森(Hansen-Jagannathan)资产价格边界。虽然在某种程度上不确定性厌恶与风险厌恶是相似的,但是不确定性厌恶会改变不确定性的跨期分布,这也是其与风险厌恶的不同之处。此外,由于投资组合持有者对最差状况的信念影响状态依存价格,这将促使拉姆齐计划者采取更具纪律性和目的性的策略。基于以上内容需要说明的是,由于决策者在任意时间面临的基准模型或近似模型都不是单一模型,而其在统计上也无法区分不同模型,因此不利用其他方式分析模型不确定性。同时,决策者拥有多个可能不正确的基准模型,因此也无法使用贝叶斯更新来更新概率分布做出决策。为此,萨金特教授介绍了考虑模型不确定性的两类经典消费偏好,即"约束偏好"(constraint preferences)和"乘数偏好"(multiplier preferences)。其中,约束偏好更直观,而乘数偏好更易处理。在问答环节，萨金特教授就其求学与科研经历、经济学研究的意义等问题同与会师生进行了互动交流。

美国关税与贸易政策：历史与当下

美国的贸易历史可以划分为三个阶段：从独立战争到内战，从内战到大萧条，从大萧条至今。在不同的阶段，美国的关税与贸易政策体现出不同的特点，而今，美国的相关政策导向即将进入更为严苛的阶段，这一变化可能加剧国际贸易环境的不确定性。历史经验是面对未来的有效工具，萨金特教授指出，在分析关税、补贴和贸易限制等政策工具所产生的作用时，不仅需要明确不同工具的特点，还应从两个方面去思考：一是政策工具的使用应该由谁决定；二是不同的政策工具是为谁服务的，以及相关方面的利益诉求是什么。萨金特教授重申了自己对自由、平等的贸易政策的赞赏，也对中国改革开放以来的贸易方针表示肯定。他认为美国现今采取的贸易保护政策对美国大多数民众是有害的，而且根据历史经验，此类政策往往会产生意想不到的负面作用。萨金特还指出美国的就业问题更多是由技术进步造成的结构性失业，不能通过保护国内低效的生产者来解决。报告结束后，萨金特教授还详细回答了同学们关于贸易平衡、贸易赤字等方面的问题。

【主讲人简介】

托马斯·萨金特，2011年诺贝尔经济学奖得主，现任纽约大学经济学讲席教授、斯坦福大学胡佛研究所高级研究员、美国国家科学院（National Academy of Sciences）院士、美国艺术与科学院（American Academy of Arts and Sciences）院士。萨金特先后在加州大学伯克利分校和哈佛大学获得文学学士学位和哲学博士学位，此后历任宾夕法尼亚大学、芝加哥大学和斯坦福大学等名校教授，曾担任世界计量经济学会（Econometric Society）主席、美国经济学会（American Economic Association）主席和动态经济学会（Society for Economic Dynamics）主席等重要学术职务。

作为理性预期学派的领袖人物，萨金特教授在宏观经济学、动态经济理论和时间序列分析等方面做出了卓有成效的开创性工作，著有《理性预期与经济计量实践》（Rational Expectations Econometrics）和《递归宏观经济理论》（Recursive Macroeconomic Theory）等15部图书，在国际一流学术期刊发表论文二百余篇，学术影响深远，享有崇高的学术威望。凭借其在动态计量经济学和货币政策方面做出的杰出贡献，萨金特教授于2011年获颁诺贝尔经济学奖。

近年来，除了聚焦于宏观经济、国际经济和数量金融等领域，萨金特教授还高度关注人工智能和大数据在经济分析预测中的作用，始终活跃在学术研究一线，跟踪最新工具方法，不断推动经济发展和理论进步。

主｜讲｜人｜题｜词

> Thank you I hope you enjoy economics
> Tom Sargt

谢谢，我希望你们享受经济学这门学科。
——托马斯·萨金特

詹姆斯·赫克曼：收入差距与社会流动性问题解决的"技能创造"之道

镜头：詹姆斯·赫克曼教授在"诺奖得主面对面"活动中发表演讲

> **题 记**

2018年11月14日，北京大学经济学院"诺奖得主面对面"活动在东旭学术报告厅举行。本次活动中，2000年诺贝尔经济学奖得主、美国芝加哥大学讲席教授詹姆斯·赫克曼以"以技术创造解决收入差距与社会流动性问题"（An Effective Strategy for Reducing Inequality and Promoting Social Mobility by Creating Skills）为题发表了学术演讲。

直面收入差距扩大和社会流动性恶化的挑战

在过去的40年中,中国通过改革开放、持续的资本投资和人口红利实现了经济的快速增长。但是近年来,支撑中国经济增长的中等技能劳动力供给正面临枯竭。同时,由于社会老龄化问题日益严重,中国人口的抚养负担也在不断提高。面对这一挑战,中国社会亟须培养高技能劳动力群体,利用技能替代体力劳动,帮助中国向高生产率的技术经济转型。这不仅有助于解决中国当前面临的人口挑战,还将在长期内改善社会流动性,遏制由收入快速增长与地区不平衡发展所导致的代际收入扩大的现象。在过去40年里,中国经济的增长带来了财富的快速积累,也导致了收入的不平等以及地区的不均衡发展。后者主要表现在城镇与乡村之间在居民可支配收入、平均入学率和毕业率等方面存在巨大差距。在现实中,来自农村的流动人口群体已经成为中国经济增长的动力来源之一。在过去20年里,进城务工的农民工群体规模不断扩大,城市中的实际居住人口数远远高于户籍人口数。人口大规模流动的同时带来了很多社会问题,例如农村留守儿童的抚养和教育问题。公开数据表明,在2010年,中国留守儿童占中国未成年人(0—17岁)总数的21.88%。中国有1/3的留守儿童和他们的祖父母生活在一起,而这些老人的受教育程度普遍偏低,从而在不同程度上影响了这些儿童对技能和知识的学习,这一现象最终将可能导致人口不平等的代际传递。

资金投入还是技能培养

针对上述问题，人们必须思考什么样的政策能够有效改善这一现状。第一种政策是解决区域之间资金投入的不平等，第二种政策是帮助弱势儿童培养与生活相关的技能。赫克曼教授认为，第二种政策即技能导向的政策将更可能以较低的成本解决贫困、不平等与社会流动性等一系列问题。经济学文献一再证明，社会经济群体之间的技能差距在儿童成长的早期阶段便已形成，因为母亲的受教育程度在其中起到了重要作用。认知能力的差距会持续相对较长时间，而非认知能力则可以在生命周期中不断强化。尽管技能并不是在出生时便固定不变的，它却会随着年龄的增长而逐渐固化。因此，促进人口技能（人力资本）的提升需要从早期开始持续地投入。

在对早期人力资本进行投资从而促进人口技能形成的过程中，需要特别注意两点：第一，与生活相关的技能具有多个维度；第二，技能形成的早期阶段相当重要。一系列有力证据证明旨在促进技能提高的早期干预措施是有效的。例如，美国的数据显示，80%的成年社会问题，如不健康行为、犯罪和贫困，都源于20%的人口。这些群体在童年时便表现出诸如智力较低、自控能力较差、社会经济地位较低等特征。技能不仅仅局限于受教育年限或智力测试成绩的定义范畴，同样应该关注性格特征与人际交往能力（即非认知能力）的重要性。当前的研究在理解人类的哪些能力有助于取得成功上已经取得了很大的进展。由智力和考试成绩衡量的认知能力以及由性格特征与人际交往能力衡量的社会情感能力都起到了重要作用。具体而言，社会情感能力（即非认知能力）还包括主动积极性、社交能力、注意力、自我控制、自尊、生理健康与精神健康等方面。很多证据表明，认知能力和非认知能力与个人在犯罪、收入、健康、教育、信任、自尊等诸多方面的表现均密切相关。

从技能的动态形成理解早期技能投资的益处

家庭环境与父母育儿方式对于个人技能的塑造作用要远远高于仅依靠金钱投入的方式。但是，与中国城镇家庭相比，中国农村家庭的抚养环境和抚养情况并不理想。技能的动态形成过程可以帮助我们更好地理解对儿童进行早期投资的好处。从静态互补的角度看，对能力越高的人进行投资得到的回报越高；从动态互补的角度看，早期投资的回报率高于后期投资，即对弱势儿童的基础能力进行投资会产生巨大的回报，其回报远远高于对成年人的技能培训。两种过程同时在起作用，但二者之间并不存在必然矛盾。早期投资创造的人力资本基础将使成年投资的生产效率更高。这种"技能创造技能"的过程可以具体描述为：社会情感能力的提高改善了认知能力与健康状况，健康状况的改善又提高了认知能力与非认知能力；认知能力的增强进一步提高了生产率。最终的结果是更高的生产率、更高的收入、更好的健康状况、更多的家庭投资、向上的流动性与降低的社会成本。因此，许多成功的干预措施通常能够影响整个生命周期（包括被干预者后代的人力资本），而这主要是通过改善参与者的非认知能力和育儿方式来实现的。

国际著名早期干预项目及其长效评估

佩里学前项目（Perry Preschool Project）是国际上著名的早期干预项目之一。该项目从儿童三岁开始实施，每天进行两小时，一共持续两年。通过对参与者的长期追踪研究，该项目发现，提升技能的早期干预主要通过非认知渠道发挥作用。相比于未参与项目的对照组儿童，参与该项目的儿童成年后在偏好、信念与技能上的均值都发生了显著变化。平均而言，受干预儿童成年后的集体归属感更强，对人生的态度更加积极乐观，对他人更加热情友善。不仅如此，该项目还降低了参与者成年后参与犯罪的可能性，降低了他们产生不健康行为的概率，提升了他们的就业表现，改善了他们的健康状况，增强了他们的认知能力与非认知能力，增强了他们稳定婚姻的可能性，甚至在教育、就业、健康、犯罪等多方面对他们的子女和兄弟姐妹也产生了长期的正向影响。研究发现，这一系列正面结果背后主要的影响机制是：经过两年的干预，参与项目的父母对于育儿重要性的信念明显高于未参与项目的父母。因此，与未参与项目的父母相比，参与项目的父母更多采用积极的育儿方式，而更少采用专制型的育儿方式。

第二个项目是在美国北卡罗来纳州实施的 ABC 项目，该项目是国际上又一著名的早期干预项目。项目时间跨度是 20 世纪 70 年代中期到 80 年代初，参与儿童均来自"高危母亲"家庭，即这些母亲绝大多数都是孕期受雇的非裔美国人（小部分为白人）。项目内容包括在幼儿 0—5 岁期间参与长达 5 年的全天托儿服务（每年 50 周，每周 5 天，每天 8 小时），给予他们相应的认知启蒙与自控和社会能力上的训练。其后，研究团队对被干预群体开展了长达 3 年的双周家访，并定期对其进行健康检查。研究结果显示，与佩里学前项目类似，该项目对参与者的长期影响是持续的智力提高、更好的教育表现、更高的就业率、更少的犯罪活动以及更好的健康行为与健康状况。实现这些结果的影响机制主要有两方面：第一，与未参与项目的父母相比，参与项目的父母会给予孩子更多的情感支持；第二，参与项目的父母对孩子教育发展的重视程度更高。

类似地，牙买加项目也是国际上著名的早期干预项目之一，该项目对 18—34 个月大的孩子的父母进行抚养方式的干预，通过定期家访的方式教会孩子的母亲如何与孩子互动，同时给予孩子营养补充。该项目成本低、容易复制，且具有长期有效性。该项目的干预结果具体包括：被访者的子女长期认知能力的提高、劳动力市场表现的改善、大学入学率的提高以及心理健康的促进。此外，在中国甘肃省华池县实施的"慧育中国"（China Reach）项目

詹姆斯·赫克曼教授讲座现场

也发现，参与项目的儿童在社会能力和语言能力方面均有显著的提高，而家庭环境的改善可能是实现这一影响的关键机制。这些项目均有力地证明了对儿童抚养环境和抚养方式进行早期干预及投资能够起到正向的作用。

最后，赫克曼教授重申了中国目前面临的许多挑战，例如人口老龄化问题、社会流动性问题、地区发展不平衡问题以及农村留守儿童问题，都可以通过改善人口的人力资本和技能创造加以解决。而经济学者在进行相关研究或对相关项目进行评估时则需要注意以下三点：第一，在对项目效果进行评估时需要测度多维度的技能；第二，早期的家庭生活是个人成就的决定性影响因素；第三，在成功的干预措施中，育儿方式的改善是至关重要的。有效早期干预的本质是增加儿童与父母或照料人之间的互动，这对儿童自身及其兄弟姐妹、后代都能够产生积极的影响。

【主讲人简介】

詹姆斯·赫克曼，芝加哥大学"亨利·舒尔茨杰出成就"经济学教授、人类发展经济学研究中心（Center for the Economics of Human Development）

主任、人力资本与经济机会国际工作组（Human Capital and Economic Opportunity Global Working Group，HCEO）联合主席。

赫克曼教授因对微观计量经济学的杰出贡献荣获2000年诺贝尔经济学奖，他获得的其他主要荣誉还包括美国经济学会约翰·贝茨·克拉克奖章（1983年）和杰出会士（2017年）、劳动经济学家协会（Labor Economists）会士（2004年）及雅各布·明瑟终生成就奖（2005年）、美国农业经济学会（American Agticultural Economics Association）西奥多·舒尔茨奖（2007年）、世界计量经济学会会士（1980年）弗里希奖章（2014年）、美国人文与科学学院院士（1985年）、美国统计学会（American Statistical Association）会士（2001年）等。

赫克曼1965年在科罗拉多学院获得数学学士学位，1968年、1971年在普林斯顿大学分别获得经济学硕士学位与博士学位，自1973年起在芝加哥大学经济系任教。赫克曼教授目前担任经济学顶级期刊《政治经济学杂志》（*Journal of Political Economy*）联席主编，发表论文300余篇，出版学术专著9本。

主｜讲｜人｜题｜词

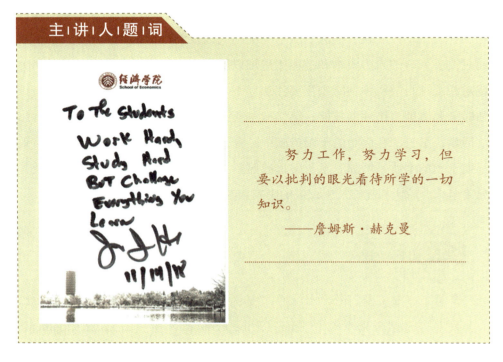

努力工作，努力学习，但要以批判的眼光看待所学的一切知识。

——詹姆斯·赫克曼

芬恩·基德兰德：经济学的系统学习方法以及宏观经济中的周期问题研究

镜头：芬恩·基德兰德教授在"诺奖得主面对面"活动中发表演讲

> 题 记

2018年9月16日上午，挪威著名经济学家、2004年诺贝尔经济学奖得主、美国加州大学圣芭芭拉分校讲席教授芬恩·基德兰德受邀出席北京大学经济学院"诺奖得主面对面"活动。在本次活动中，芬恩·基德兰德教授发表了题为"如何有效学习经济学"（How to Study Economics Effectively）和"全球一体化下的经济周期不确定性"（The Uncertainty of Global Business Cycle）的学术演讲。

如何有效学习经济学

大学阶段的学习过程就是一个积累人力资本的过程，这一过程将使人受益终身。基德兰德教授通过分享自己年轻时的学习经历告诫新生们不要被动地等待老师给出研究方向，而应该主动地参与学术活动和会议，并在这一过程中发现自己的兴趣所在。在参与学术活动的过程中，一方面要学会运用经济学理论去思考现实生活中的问题，另一方面要积极地与他人进行成果交流，正视别人给予的指导与意见。只有将二者有机地结合起来，才能真正提高自身的经济学思辨和研究能力。基德兰德教授以自身的研究方向——宏观经济学为例，给新生给出了三点宝贵的建议：第一，要重视数学课程的学习。扎实的数学功底是学好宏观经济学必不可少的条件。第二，平时应该积极参与一些具体的研究项目。参与研究项目既可以帮助学生们更加敏锐地发现有意

芬恩·基德兰德教授分享如何有效学习经济学

义的理论和实际问题,也可以有效地帮助学生们培养运用经济学的思维方式思考现实世界问题的能力。第三,掌握一定的计算机编程知识。现代宏观经济学的研究已经离不开计算机软件等辅助手段的支持,只有具备了一定的计算机编程能力,才能去分析较为复杂的经济问题。在回答如何系统地进行经济学研究时,基德兰德教授指出,经济学研究应该始于对现实问题的认真思考,其次是建立能够有效地分析这些问题的正确模型,最后才是运用数学分析或者计算机编程的方法去找到问题的答案。关于经济学与其他学科的交叉,基德兰德教授认为,经济学本身就是一个包容性非常强的学科,与其他学科的交叉结合将是未来经济学发展的一个重要方向。在谈及中国经济未来的发展前景时,基德兰德教授认为维持中国经济可持续增长的关键在于进一步解决金融市场的资源错配问题,深化市场体制改革,激发全社会的经济活力。

全球一体化下的经济周期不确定性

基于中国、美国、日本、墨西哥等国家 1950—2010 年人均实际 GDP 的增长情况和各国经济增长驱动因素的对比可以看到,造成国家之间经济发展差异的原因中,经济政策——尤其是财政政策与货币政策——的时间不一致性和不确定性是造成各国经济长期表现发生差异的重要原因。政府在制定宏观经济政策时,必须具有前瞻性,需要在当期政策制定中考虑包含未来期政策预期的最优路径。时间不一致的问题是指,政府在第 T 期宣布其在第 $T+1$ 期的政策与承诺下所选择的最优政策相同,而在第 $T+1$ 期,政府却背离自己在第 T 期的承诺。这就使得政府在制定政策时可能更注重短期的收益,同时损害了私人部门对于政府承诺的信任,进而降低了私人部门的投资激励和经济长期增长的稳定性。然而,即便是经济表现良好的国家,也可能存在政府最优政策的时间不一致问题。

芬恩·基德兰德教授分析全球一体化下的经济周期不确定性

以爱尔兰为例,在1990年之前,爱尔兰已经拥有大量的高技术人才,但是缺乏足够的工厂和设备。因此,爱尔兰政府决定消除税收的不确定性以吸引人们在该国建厂。在短短10年里,爱尔兰从西欧人均收入较低的国家之一跻身人均收入最高的国家之列。同时,全要素生产率和每小时劳动生产率的提升,也是爱尔兰经济迅速发展的重要标志。此外,美国的例子可以帮助我们更好地理解商业周期的概念及其对经济长期增长的影响。自第二次世界大战以来,美国经济虽然起伏不定,但长期来看保持着稳定的增长,人均GDP的年均增长率一直没有显著偏离其长期增长率。但是在2008年经济衰退以后,美国经济到目前为止并没有任何回归原先发展趋势的迹象。因此,基德兰德教授认为,美国政府的经济政策依然没有令其宏观经济彻底摆脱衰退的状态。在最后的提问环节,基德兰德教授和与会者就中国政策及中国经济发展、传统理论模型在现今研究中的运用等问题展开了热烈的讨论。

【主讲人简介】

芬恩·基德兰德教授,挪威著名经济学家,1968年从挪威经济学院毕业,获经济学学士学位;1973从美国卡内基梅隆大学毕业,获经济学博士学位。他现任美国加州大学圣芭芭拉分校杰弗里·亨利(Jeffrey Henley)讲席教授、卡内基梅隆大学理查德·西蒙斯(Richard Simmons)杰出讲席教授以及挪威经济学院兼职教授。

基德兰德教授的主要研究领域是经济周期、货币政策和财政政策以及劳动经济学。2004年,基德兰德教授与美国亚利桑那州立大学的爱德华·普雷斯科特(Edward Prescott)教授一同获得诺贝尔经济学奖,其获奖成就是"推动了动态宏观经济学在经济政策的时间连贯性和商业周期的驱动力量方面的研究"。

基德兰德是新古典宏观经济学实际经济周期(Real Business Cycle)学派的代表人物之一。他与普雷斯科特教授共同开创的实际经济周期理论被认为是现代宏观经济学最引人注目的进展之一。

主│讲│人│题│词

亲爱的同学们:经济学棒极了!进入北京大学这所享誉国际的知名大学学习,对你们来说是很正确的决定。我非常享受讲座中与你们的交流,以及和你们共度的时光。祝好!

——芬恩·基德兰德

"外国驻华大使眼中的中国经济"
系列讲座

  为了更好地研究探讨中国经济发展的规律，同时借鉴外国的先进经验，北京大学经济学院和北京大学国际合作部于2005—2006年成功举办"外国驻华大使眼中的中国经济"系列讲座，邀请了多位外国驻华大使到北京大学纵论中国经济并出版书籍，取得了良好的效果和反响。时隔12载，世界经济社会发展与国际形势已发生很大改变，北京大学经济学院自2017年开始重启这一品牌活动，至2021年1月已成功举办多场系列讲座，邀请到包括时任美国驻华大使泰里·布兰斯塔德（Terry Branstad）、时任欧盟驻华大使汉斯·史伟（Hans Schweisgut）、时任欧洲委员会经济与金融事务总司长马可·布蒂（Marco Buti）、时任意大利经济发展部副部长迈克·杰拉奇（Michele Geraci）、时任意大利驻华大使谢国谊（Ettore Sequi）、时任新加坡驻华大使罗家良等的国际政坛知名人士来校演讲，与全校师生分享中国的经济变化，为北京大学师生提供了难得的交流机会。

  "外国驻华大使眼中的中国经济"系列讲座旨在从外国政要的视角阐述中国的经济变化，并结合各国经验，提炼中国经济发展的政策建议。同时，作为北京大学经济学院教学科研活动的有益补充，该活动对开阔师生视野，学习运用国际化的视角分析、解决中国的经济问题，也具有十分重要的意义。

美国驻华大使谈发展协作共赢的中美经济关系

镜头：泰里·布兰斯塔德大使在"外国驻华大使眼中的中国经济"系列讲座中发表演讲

> **题 记**

2017年9月15日下午，时任美国驻华大使泰里·布兰斯塔德一行来访北京大学经济学院。作为北京大学经济学院105周年院庆活动之"外国驻华大使眼中的中国经济"系列讲座的首位演讲嘉宾，布兰斯塔德大使在经济学院东旭学术报告厅就中美经济关系发表了主题演讲。

布兰斯塔德大使首先通过与听众分享自己 1984 年第一次来到中国的经历，对中国经济的高速发展表达了由衷的赞赏。演讲中，大使先生介绍了近年来中美经济发展的基本情况和中美两国在多个领域的密切合作，尤其提到了两国合作在保卫世界和平方面的贡献，比如共同消灭疾病、禁止核武器等。他指出，自 2008 年金融危机之后，美国经济虽然逐渐复苏，但仍然面临着地区冲突、恐怖主义、难民潮、贫困、失业等风险和挑战。中美必须相互协作共同解决问题，为营造一个更好的国际环境贡献力量。

在中美经济关系上，布兰斯塔德大使认为，中美双边关系在过去的几年里发生了巨大改变，中美双边关系有着良好的基础，中国已经成为美国最大的货物贸易伙伴，双方人员交流也更加密切。据统计，每年约有 250 万中国居民去往美国，其中中国赴美留学生的数量逐年增加，在去美国留学的学生中占有很大比重。在全球贸易和投资领域，中国也已经成为举足轻重的力量。然而，中美经济关系仍然存在一些问题，中国需要更广泛地采取以市场为主导的发展策略。近年来，中国经济发展态势良好，而且在一些新兴领域取得了显著的成就，比如共享经济。世界大环境希望看到一个更加开放的中国市场，希望中国以更加积极的姿态加入全球竞争，为全球经济共同努力。

布兰斯塔德大使认为，中国和美国作为当今世界最大的两个经济体，双边关系至关重要。就最近的中美贸易摩擦问题而言，"贸易战"并不是美国的目的，中美双方应该开展更加全面的经济对话，在自由公平的双边贸易方面寻求共识。中国在国际社会中正发挥着越来越重要的作用，中美双方也可以通过进一步对话和交流来深化两国之间的友好关系与经济来往。在金融危机

泰里·布兰斯塔德大使讲座现场

后,除了加强金融系统监管,中国和美国还应该加强在科技领域的投资,提高国民消费能力,以帮助维持全球金融系统的稳定。针对美国企业在中国受欢迎程度下降的现状,美国企业应该认识到在中国取得成功的关键在于深入了解当地的人文背景和文化环境,并对经营模式进行本土化改造,才能迎合市场需要。同时,正确地选择合适的投资领域也很重要。具体而言,企业不光要选择有发展前景的领域,也要考虑到对于当地居民的溢出效应,比如退休、医疗等惠民领域。在中国的中西部开发战略中,美国企业也可以发挥积极的促进作用,这对于美国企业意味着更多的发展机会,对于中国中西部的发展同样具有正面推动作用,双方需要进一步打破投资壁垒,鼓励双边合作投资。

布兰斯塔德大使特别提到中国的"共享"理念与科技创新对世界经济和环境保护正发挥着重要作用。美国在清洁能源利用上已取得巨大进展,中国在实现低碳减排的过程中可以参考借鉴美国的历史经验,比如以更加绿色环保的天然气代替煤炭等。当谈到中美双方在近期存在的争议和分歧时,布兰斯塔德大使进一步强调,分歧不是主流,但是应该引起双方的高度重视,中美两国需要加强在不同领域和不同层面的交流,通过多种途径积极寻求解决争议、实现双方的求同存异。

演讲结束之后,师生们就"一带一路"倡议、多边贸易和双边贸易、中美交流合作、国际金融稳定等内容提问,布兰斯塔德大使均耐心地一一解答。

【主讲人简介】

泰里·布兰斯塔德,出生于美国艾奥瓦州,2017—2020年担任美国驻华大使。此前,他于1972年、1974年和1976年三次当选艾奥瓦州众议院议员,并于1982年当选艾奥瓦州州长,任期为1983—1999年,是该州任职时间最长的州长。作为州行政长官,他经受住了20世纪80年代农场危机期间艾奥瓦州最严重的经济动荡考验,并在90年代带领该州复苏,使该州成为蓬勃发展的经济体。

在担任州长四个任期之后,布兰斯塔德出任得梅因大学校长。在任的六年里,他将该大学发展成为世界一流的教育机构。2010—2017年,他第二次出任艾奥瓦州州长,并取得了令人瞩目的政绩。

主讲人题词

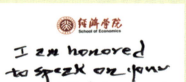

我很高兴受邀在这所美丽的校园演讲。

——泰里·布兰斯塔德

欧盟驻华大使解析后金融危机时代中欧经济关系的前景

镜头：时任欧盟驻华大使汉斯·史伟在"外国驻华大使眼中的中国经济"系列讲座中发表演讲

> **题记**

2017年12月1日上午，北京大学经济学院105周年院庆活动之"外国驻华大使眼中的中国经济"系列讲座举办第二场，时任欧盟驻华大使汉斯·史伟以"中欧经济关系的前景"为题发表了演讲。史伟大使的演讲分为世界经济形势的发展对中欧关系的影响、经济与贸易的关系以及世界各国共同面对的机遇与挑战三个部分。

史伟大使表示，根据近期不同国际组织（例如国际货币基金组织和经济合作与发展组织）的报告与预测来看，当前全球正处在经济增长的阶段。良好的国际经济大环境对于欧盟而言是一个利好消息，欧盟与欧元区正处于经济复苏阶段。经济合作与发展组织的最新报告指出，欧盟的经济增长指数提升了0.5个百分点，并有希望实现2.4%的经济增长，这将是其连续第二年在增幅上超越美国。

就中国经济而言，经济增长速度也发生了变化，从2016年的6.6%上升到2017年的6.8%。从一个更宏观的层次来看，中国正处于经济转型的阶段，正逐步变成一个增长更缓慢但更加可持续的新经济体。

从全球贸易数据来看，2017年是继2011年之后贸易量最高的一年，世界各地的贸易均有增长，这意味着世界上所有经济体都在恢复，因为贸易就是经济增长的根本，贸易的持续增长可以减少保护主义所引发的问题。但是，面对以上好消息，欧盟仍然不能松懈。2008年金融危机之后，欧洲经济虽逐渐复苏，失业率下降，进出口贸易增加，但仍然面临着地区冲突、恐怖主义、难民潮、贫困等风险和挑战。目前，欧洲各国正在尝试各种不同的手段来共同解决问题。

在中国与欧盟经济互动方面，导致经济不平衡的一个重要原因就在于投资。现在，欧元区面对的最大问题仍然是投资的匮乏。虽然金融危机之后经济有所复苏，但是由于诸多因素影响（包括公共财政的限制、成员国的负债问题、市场信心低落等），投资情况仍然远低于金融危机前的水平。虽然近年来这种情况确实有所改善，近期经济气氛向好刺激投资欲望，投资额更达到

17年来的高峰，但整体而言，欧盟内部的投资增长依然缓慢，投资额度偏低。就此，史伟大使认为，欧盟需要从欧元区体系结构、能源领域合作、数字化经济联盟等几个方面进行政策改革，以改善制度框架问题。他提到，两年前欧盟战略投资基金中心制订了欧盟投资计划，也被称为"容克计划"，可以在三年中刺激超过300亿欧元的投资金额，到现在为止，该目标已经实现了近80%，总体效果显著。因此，此计划又延续了两年以继续扮演刺激投资的角色。然而，与欧盟投资不足的问题恰恰相反，中国投资在GDP的占比太大，现阶段甚至达到了GDP的45%以上。欧盟与中国的区别在于欧盟已经是一个成熟的经济体，而中国还是新兴经济体，仍然需要大量的投资以促进发展。但是，在中国过去几年里，投资主要是由地方政府和国有企业推动的，过度投资导致了产能过剩的现象，并不是所有资源都能得到最有效的利用。

接着，史伟大使就欧盟经济政策框架的主要原则做出了详细介绍。他指出，欧盟对于自己在世界经济体系中的定位和角色的掌握十分重要，欧盟会坚持公开透明、公平竞争的原则，遵守国际秩序，这些原则和秩序无论在欧盟内部，还是在处理欧盟对外经贸关系中都非常重要。他相信这样可以为可持续增长、促进国内生产和增加就业提供最好的基础。在探讨欧盟与外部力量互动的情况时，国家之间的政策协调不可或缺。以上原则也适用于多边合作和联合国的框架，比如世界贸易组织、G20峰会等。但是，史伟大使同时提到，这种国际性的框架有自身的缺点，在多极世界的体制之下并不能灵活运用。这时，区域合作或者双边合作才是最有效的解决问题的方法。

具体到中国与欧盟的贸易而言，2016年欧盟对中国的进口额约为3 450亿欧元，出口额大约是进口额的一半，为1 700亿欧元，这意味着欧盟有1 750亿欧元的贸易逆差。但是，欧盟在服务领域处于贸易顺差。总体而言，与货物贸易相比，服务贸易在中欧贸易中的作用有待进一步发掘。史伟大使提到，双方的贸易关系对于劳动市场的影响也很有意义。不久以前，两所欧洲研究所与两所中国研究所合作，探讨了中国与欧盟的未来经济关系。它们

汉斯·史伟大使讲座现场

分析了两国贸易对就业的重要性，并得出结论：中欧贸易在中国创造了1 150万个就业岗位，在欧盟创造了260万个就业岗位。但是综合贸易的其他影响来看，贸易使得欧盟的制造业就业率比之前还要低3%。史伟大使补充道，解读这些数据必须谨慎，因为这些数据尚未把竞争力提高、消费者剩余等其他的利好因素考虑在内。

贸易确实是一种获利途径，也是增加社会福利与增加就业机会的重要途径。中国与欧盟作为双方最大的贸易伙伴，重要的不仅仅是相互如何合作，而是这种合作如何体现各自在世界经济体系中的分量与角色。为实现经济的平稳发展，中欧双方必须相互协作、相互支持、增加投资、开放市场，为营造一个更加公平和健康的国际环境贡献力量。史伟大使认为欧盟对于国际自由市场基本原则的坚持是欧盟出口贸易与经济模式成功的最主要原因。同时，他表达了中国可以开放更广阔的市场，加速市场改革，克服困难，求同存异，增加国际投资，实现双赢。

最后，史伟大使也分享了他对于"一带一路"倡议的看法。欧盟方面十分期待与中国和亚洲其他国家进行"一带一路"合作，加深对中国的认识并强化与中国的合作关系。他认为这个倡议背后的价值与欧盟所倡导的"可持续发展、包容性"理念十分相似,双边经济合作很有潜力。

演讲之后,师生们就欧盟及欧洲一体化前景、经济全球化、多边贸易和双边贸易、难民问题、中欧交流合作、国际金融稳定和国际投资等内容进行提问,史伟大使均耐心地一一解答。在谈到难民问题对欧洲经济和社会的影响时,史伟大使特别强调,要解决难民问题光靠一两个国家和地区是不行的,必须在国际法的指导下,处理好国家主权与人道主义关怀的关系。

【主讲人简介】

汉斯·史伟,1951年生于奥地利扎姆兹,因斯布鲁克大学法学博士,2014—2018年间担任欧盟驻华大使。史伟大使在来华就任前担任欧盟对外行动署代表,负责欧盟所有对外政策的制定。在此之前,他于2003—2007年间担任奥地利驻华大使。除了中国,史伟大使还在日本有长期的工作经历。他于1999—2003年间担任奥地利驻日本大使,于1987—1991年间担任奥地利驻日本公使。他在经贸政策、国际事务方面有丰富经验。

主│讲│人│题│词

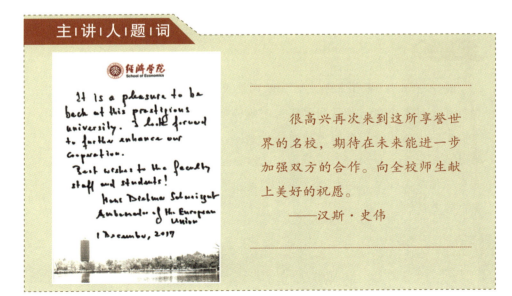

很高兴再次来到这所享誉世界的名校,期待在未来能进一步加强双方的合作。向全校师生献上美好的祝愿。

——汉斯·史伟

欧洲委员会经济与金融事务总司长谈新时期的全球治理及中欧参与

镜头：马可·布蒂司长在"外国驻华大使眼中的中国经济"系列讲座中发表演讲

> 题 记

2018年6月14日上午，时任欧洲委员会经济与金融事务总司长马可·布蒂先生一行访问北京大学经济学院。作为"外国驻华大使眼中的中国经济"系列讲座的演讲嘉宾，布蒂司长就全球经济治理问题发表了主题演讲。布蒂司长的演讲主要分为五个部分，分别是全球化及其含义、碎片化、全球失衡、多边贸易和中欧在世界经济中的角色。

布蒂司长在演讲中表示，经济全球化已成为不可逆转的大趋势，对于中国和欧盟而言，全球化的影响有利有弊。就欧盟而言，全球化对于其整体经济发展有推动作用，但是中等收入群体的收入水平并无明显提高；全球化增强了规模经济的优势以及网络效应，但是地区之间的差异仍然显著，甚至呈现上升趋势；全球化增加了竞争压力，带来了更高的市场灵活性，但是对工作条件产生了负面影响；全球化促进了创新和生产力的提高，但是减弱了政府的执行能力，限制了政府再分配职能的发挥；全球化提高了要素的流动，比如资本和高技能劳动力，但是资本流动也带来了更高的不确定性，而大规模的移民也在国家层面造成了压力。对中国而言，全球化使得其人均GDP迅速增加，但是也带来了收入不平等问题；全球化为中国沿海地区带来了巨大的发展机遇，但是内陆地区利好相对较少；中国的贸易额迅速增加，但是与贸易伙伴之间的关系时有挑战；全球化推动了工业化进程，但是伴随着一定的环境代价；全球化通过投资推动了经济增长，但是回报率相应下降，而杠杆率相应增加。

在全球化背景下，1960年12月14日，加拿大、美国及欧洲经济合作组织的成员国等共20个国家签署《经济合作与发展组织公约》，决定成立经济合作与发展组织（OECD）。世界贸易组织（WTO）、国际货币基金组织（IMF）、世界银行（World Bank）、经济合作与发展组织等合作机构在旧的全球经济治理体系中发挥了重要作用，但是在未来发展中也面临着更为复杂的挑战和风险。在过去几年中，全球经济治理体系发生了深刻变化，从一个以布雷顿森林体系为中心的相对稳定的体系转变为一个更加复杂和分散的体系，新的参与者、机构和区域协议层出不穷。同时，传统的全球经济治理体系面临着日趋恶化的不平等现象的挑战——收入金字塔顶层的极少数（1%）人享有27%的经济增长成果，而底层50%的人却仅仅占有12%的经济增长成果。全球化对于收入不平等的深化作用使得越来越多的人反对全球化，尤其是一些发展中国家的反全球化浪潮愈演愈烈，因为它们从全球化中所获得的好处远远低于发达国家。同时，全球贸易失衡的持续加剧也削弱了人们对全球经济治理机构的信任。为了应对这些挑战，多边全球经济体系应该重新发挥其在全球公共物品领域的主导作用。

全球经济在经历了大衰退后，金融、社会公平、城镇化发展等领域正处于碎片化现状并面临巨大风险。当前全球发展在经济结构、内外部均衡等方面都遇到了新的不平衡矛盾，在未来发展中存在诸多需要着力消除的风险因素。相比2008年金融危机之前，近些年来，各国对于贸易施加的限制性举措显著增加，而且贸易在全球GDP中所占的比重仍然没有回到危机前的水平。

基于以上分析，布蒂司长提出了新时期全球治理的最优框架。他指出，全球失衡一个很重要的原因在于重要经济区（主要是美国、欧盟和中国）之间不协调不平衡的政策组合。要缓解近年来全球贸易壁垒增加的矛盾，需要各国进一步保持开放的经济发展策略，各大经济体形成一致的全球政策组合。具体而言，如果美国可以从内向型战略和顺周期政策转向多边主义和更审慎的宏观经济立场，欧元区从对于外债的过度依赖转向寻求更高的投资水平、结构改革和深化欧洲货币联盟，而中国也从不平衡的增长模式转向更加持久稳定的发展模式，并且以更加积极、开放的姿态加入全球竞争，这对于逆转全球失衡的局面帮助会很大。

最后，布蒂司长详细分析了中国和欧盟在全球经济中应该扮演的角色。他强调，欧盟应该继续致力于促进全球经济开放并确保国际水平的竞争环境，以符合WTO的开放原则；推动新时代的双边贸易合作；积极应对气候变化，积极履行《巴黎协定》中所做出的承诺；适应经济数字化，实现数字税收、数据保护等。而对于中国而言，其也需要在多边合作中发挥领导作用，"一带一路"倡议、亚洲基础设施投资银行、上海合作组织等也有助于进一步促进全球合作和多边联系。布蒂司长进一步提出，欧盟和中国一直是重要的战略合作伙伴，未来需要双方进一步加强在 G20 峰会中的合作以维持全球贸易规则体系，为全球和谐、平衡发展发挥重要的领导作用，以进一步实现经济的长期可持续发展。

演讲之后，师生们就 G7 峰会的最新进展、欧洲债务危机、中欧贸易合作、应对气候变化等热点问题进行提问，布蒂司长均耐心解答。他还强调，除经济领域的发展之外，社会领域的碎片化现状同样需要得到关注，对低收入人群的保护、城镇化建设、社会分配不平等问题都是全球治理中的关键环节。

【主讲人简介】

马可·布蒂，2008—2020 年担任欧洲委员会经济与金融事务总司长。1987 年，布蒂先生从佛罗伦萨大学和牛津大学毕业后加入欧盟委员会。他以经济学家的身份，担任过经济与金融事务总司（Directorate General "Economic and Financial Affairs"，DG ECFIN）的多项职务。2002—2003 年，担任欧洲委员会主席的经济顾问。2003 年，担任成员国经济局局长。2008 年 12 月被任命为总司长。

布蒂先生曾是布鲁塞尔自由大学、佛罗伦萨大学和欧洲大学研究所的客座教授，并在欧洲经济与货币联盟、宏观经济政策、福利国家改革和欧洲失业等领域有深入的研究成果。

主 | 讲 | 人 | 题 | 词

Great to be here! Very proud to give a speech at Peking University. Hope to come back soon!

很高兴来到这里，很荣幸在北京大学进行演讲，期待未来再聚！

——马可·布蒂

意大利驻华大使与意大利经济发展部副部长谈中意经济关系

镜头：迈克·杰拉奇副部长与谢国谊大使就中意经济关系发表演讲

> 题 记

2018年12月6日上午，时任意大利经济发展部副部长迈克·杰拉奇、时任意大利驻华大使谢国谊一行到访北京大学经济学院。作为北京大学经济学院"外国驻华大使眼中的中国经济"系列讲座的演讲嘉宾，杰拉奇副部长和谢国谊大使在本次活动中就中意经济关系发表了主题演讲。

杰拉奇副部长提出，中意关系是关乎中欧、亚欧稳定发展大局的重要双边关系，意大利新内阁也正在制定新的贸易政策，致力于为意大利带来新的贸易关系。意大利经济对出口的依赖度一直很高，每年出口额占意大利GDP的26%—28%。在未来的经济发展中，意大利既要增加贸易顺差，也要增加进出口总额。进出口总额的增加有利于为参与贸易的双方国家带来经济增长。杰拉奇副部长认为，政府不仅需要关注国家经常账户盈余，还应当关注资本账户的变化。他介绍说，意大利非常欢迎外资跨国并购，同时也十分欢迎绿地投资。绿地投资能提升本国产能，创造就业机会，为意大利就业市场带来

迈克·杰拉奇副部长探讨中意经济关系

谢国谊大使分析意大利经济特点

更大的活力。除了中意贸易，杰拉奇副部长还重点谈到两国在其他各个领域的合作，包括中意知识文化交流、市场准入放宽等。他特别介绍了正在发起的中意初创公司交流项目，此项目旨在促进参与者创新思想、融资经验的交流，进而促进全球经济发展。然后，杰拉奇副部长讨论了意大利中小企业的转型。他指出，意大利经济主要由中小企业构成，它们应当积极转型，更好地与市场接轨。这需要中小企业在数字化转型的同时，推动移动支付布局。最后，杰拉奇副部长总结道，中意双方应当促进双向的经济投资，在基础设施建设、在线支付、移动支付等领域继续展开合作。

随后，谢国谊大使发表了主题演讲。他首先从质量和创新两方面介绍了意大利制造业的特点。他指出，意大利制造业主要由中小企业构成，中小企业数量占企业总数的99%以上。意大利的中小企业非常具有活力和创新能力，能够灵活适应消费者的需求，时常推陈出新，创造高质量的优质产品。在欧盟国家中，意大利经济所依赖的碳排放量最低，这也侧面显示了意大利制造业的高技术、高质量和高环保水平。其次，谢国谊大使就"一带一路"倡议分析了中意双方的合作契机。他强调，中意两国是理想的合作伙伴，中国与欧洲之间92%的贸易通过海上丝绸之路实现，而苏伊士运河将使得中国与地中海地区之间的贸易联系更加紧密。此外，中意双方需要进一步促进知识交流，以"新丝绸之路大学联盟"为契机，加强高等教育合作，推动区域开放发展。最后，谢国谊大使进一步指出，中意两国拥有共同的战略利益，这也就是说两国需要稳定的地中海区域关系；尤其是在当前时期，时代正发生巨大变革，双方更需要加强巩固地中海区域关系。

演讲之后，与会听众就政府平衡长期利益与短期利益、气候变化、中意非三方合作、"一带一路"倡议等热点问题进行提问，杰拉奇副部长和谢国谊大使均耐心予以解答，会场气氛热烈。

【主讲人简介】

迈克·杰拉奇，意大利经济发展部副部长，曾任全球政策研究所（伦敦）中国区主管、宁波诺丁汉大学商学院中国经济政策研究项目主管等。杰拉奇副部长因其对中国经济的深度见解，以及对中意两国友好关系的贡献，获得2016年"意大利之星"骑士勋章。

谢国谊，曾任意大利驻中国以及蒙古国（第二驻在国）大使、意大利外交部长办公厅总负责人、意大利常驻联合国代表团成员、意大利驻阿富汗大使。谢国谊大使曾被授予意大利共和国勋章并荣获 Giuseppe Dossetti 和平奖。

"外国驻华大使眼中的中国经济"系列讲座

主 讲 人 题 词

> It's a pleasure to be here at the University, a centre of Excellence of learning.
> Best Wishes
> Michele Geraci

很高兴来到北京大学,一个绝佳的学习之地。
——迈克·杰拉奇

新加坡驻华大使解读新加坡的"小国生存之道"

镜头：罗家良大使在"外国驻华大使眼中的中国经济"系列讲座中发表演讲

> 题 记

2018年6月15日上午，时任新加坡驻华大使罗家良一行来访北京大学经济学院。作为北京大学经济学院"外国驻华大使眼中的中国经济"系列讲座的演讲嘉宾，罗家良大使在经济学院东旭学术报告厅以"小国生存之道"为题发表了主题演讲。

罗家良大使的讲座从介绍新加坡的地缘环境开始。他表示，新加坡是一个自然资源匮乏的多族裔国家，"生存"一直是新加坡发展的核心追求和外交政策制定的主要依据。《联合国宪章》虽然确立了所有国家主权平等的原则，然而在国际社会上，一些国家可能比另一些国家更具影响力。这是否意味着"小国无外交"？小国是否没有权利掌控自己的命运，而应该将未来交给命运？小国是否应该简单地接受"大鱼吃小鱼，小鱼吃虾米"的规则？罗家良大使认为，新加坡意识到，必须正视世界的现实。虽然不能改变世界，但是新加坡能够而且确实必须努力实现自己的利益。由此，罗家良大使回顾了新加坡与马来西亚、印度尼西亚、美国和中国外交关系进程中一些具有代表性的历史瞬间，分析从中体现出的新加坡在外交事务中所坚持的原则。

罗家良大使首先举了新加坡和马来西亚关系的例子。新加坡和马来西亚过去都是英国的殖民地。在第二次世界大战期间，新加坡被日本占领。战后，马来西亚获得独立，新加坡成为马来西亚的一部分。但是由于文化、理念等方面的分歧，新加坡和马来西亚之间出现许多不和谐因素，一度爆发冲突。最终，新加坡于1965年从马来西亚分离出去。尽管如此，两国在许多互利领域仍然继续合作。其中一个关键问题与向新加坡供水有关，新加坡一度依赖马来西亚提供大约一半的淡水，双方也为此缔结了两项协定，并提交至联合国。然而，一些不和谐的"断水"或提高水价的声音仍然时有发生。如果各国能够简单地取消其承诺，那么国家之间关系的基础就会动摇。因此，新加坡别无选择，只能坚守立场，坚持必须遵守双方的协定。多年来，新加坡在现代水技术，特别是海水淡化和膜技术方面投入了大量资金。今天，新加坡显然实现了自力更生，这大大降低了在供水方面产生摩擦的可能性。

接下来，罗家良大使举了新加坡和印度尼西亚关系的例子。早期，新加坡还隶属马来西亚时，时任印度尼西亚总统苏加诺（Sukarno）反对成立马来西亚联邦，因为这有悖于其地区愿景。1965年3月10日，两名印度尼西亚海军陆战队员在新加坡执行任务时造成平民伤亡。随后，这两名海军陆战队员被抓获，经过公正审判，被判处死刑。印度尼西亚继任总统苏哈托（Suharto）代表两名海军陆战队员请求宽大处理，但新加坡不予赦免。罗家良大使认为，作为一个年轻的国家，新加坡必须明确一个信息，那就是新加坡决心保护国家安全。新加坡国土面积很小，若在更大的邻国的要求下赦免对方的海军陆战队员，会为新加坡与大国关系开创一个不良的先例。因此，新加坡别无选择，必须坚持原则，坚持法治，否则新加坡人民不会相信政府有能力保护人民利益、确保人民安全。然而，新加坡又是务实的，认识到新加坡必须与印度尼西亚和睦相处。今天，新加坡与印度尼西亚和马来西亚都保持着牢固的伙伴关系。新加坡是印度尼西亚和马来西亚最大的外国投资者。印度尼西亚、马来西亚和新加坡也相继成为东盟的创始成员国。

新加坡与美国的关系也有起有落。1994年，侨居新加坡的美国少年迈克尔·费伊（Micael Fay）与另外两名青少年因连环破坏和盗窃私人财产被捕。费伊认罪，被判处4个月监禁，罚款2 400美元并处以6下鞭刑。美国媒体和非政府组织为此发起了一场大规模的运动，敦促新加坡政府放弃对费伊的鞭刑；美国部分媒体同时刊登了一些耸人听闻的、虚构的报道。而事实是，鞭刑是在医生在场并严格控制的条件下执行的。新加坡还是英国殖民地时，鞭刑就由英国引入了新加坡法律体系。当时，新当选的总统比尔·克林顿（Bill Clinton）甚至以个人名义为费伊呼吁放弃鞭刑，但新加坡政府不认同。克林顿政府不能接受一个小国违抗美国的意愿，美国和新加坡的关系也因此冻结多年。罗家良大使表示，每个国家都有权决定自己的法律，新加坡不能为新加坡人和外国人制定不同的法律，也不能因为大国和亲密伙伴国的要求而屈服。不过，1997 年温哥华 APEC 会议期间，新加坡政府通过一位共同朋友与克林顿总统取得联系，促成克林顿总统与吴作栋总理的一场高尔夫球会。之后，吴作栋总理和克林顿总统成为亲密的朋友，并在 2000 年文莱 APEC 峰会期间的一场午夜高尔夫比赛后签订了新美两国的自由贸易协定书。今天，新加坡和美国是许多领域的密切合作伙伴，美国是新加坡现在最大的外国投资者，新加坡是美国的第二大亚洲投资者。

就国际贸易而言，虽然各国之间贸易争端不可避免，但应在以规则为基础的世界贸易组织框架内友好地解决这些争端。世界贸易组织的体制并不完美，但这是目前国际通用的制度，不应该破坏它。新加坡也担心中美发生贸易摩擦。因为在贸易战争中没有赢家。新加坡不同意美国用来表达其对贸易平衡不满的方法，并直接与美国总统表达新加坡的观点，也通过媒体和国际会议公开表达意见。

随后，罗家良大使深入探讨了中新关系的发展与展望。新加坡人口中有 75% 的华裔，两国历史渊源深厚。由于各种原因，新加坡直到 1990 年才与中国正式建交。然而在此之前，新加坡一直与中国保持着非正式的关系往来：1976 年，李光耀总理首次访华；1978 年中国改革开放之前，邓小平访问了新加坡；2018 年是邓小平访新和中国改革开放 40 周年。中新建交后，双边合作蓬勃发展。目前，中新之间有苏州工业园区、天津生态城和重庆互联互通倡议等三个大型政府间合作项目。自 2013 年以来，新加坡一直是中国最大的年度外国投资者。这些项目中每一个项目都符合中国在其发展的特定阶段的利益。中国现在是新加坡最大的贸易伙伴，2017 年新加坡也成为中国投资的首选地。

罗家良大使表示，新加坡一直是"一带一路"倡议的早期和坚定支持者。新加坡认为，"一带一路"倡议是对东盟总体规划的有益补充，旨在加强区域高质量基础设施建设，促进区域互联互通。根据中国商务部的统计，目前中国向其他金砖四国的投资中约有 1/3 通过新加坡金融市场进行融通，而其他金砖

罗家良大使讲座现场

国家对华投资的85%也通过新加坡周转。几十年来，新加坡与中国的合作已经超越了经济领域。新加坡还与中国在领导人论坛、社会治理论坛、法律司法圆桌论坛等平台上交流经验。除了双边关系，新加坡还通过加入世界贸易组织、亚太经济合作组织和与东盟的对话关系，支持中国进一步融入国际社会。此外，新加坡是亚洲基础设施投资银行的最早支持者之一，支持人民币加入国际货币基金组织特别提款权货币篮子。新加坡也是第一个人民币离岸结算中心。更值得一提的是，新加坡通过推动中国大陆和中国台湾地区之间的首次直接会谈，促进了两岸更紧密的互动。例如，汪道涵先生和辜振甫先生于1993年在新加坡会晤，习近平主席和马英九先生于2015年同样在新加坡会晤。

然而，中新关系并非没有挑战。一些人认为，新加坡在地缘战略问题上会站在中国一边，只是因为新加坡拥有多数华裔。必须声明的是，新加坡政府的首要职责是维护新加坡的国家利益，还必须兼顾多族裔社会的现实以及注重非族裔新加坡人的感受，此外也必须考虑邻国如何看待新加坡。两个真正独立的国家不可能就每一个问题都达成一致，即使是亲密的朋友和家人偶尔也会有意见分歧。因此，最重要的是增进相互了解，同意搁置分歧，同时注重共同利益和互利合作。

新加坡高度重视与中国的关系问题。2017年9月，李显龙总理赴华会见习近平主席时，习近平主席表示，中新两国的利益是基本战略一致的，新加坡和中国没有根本的分歧，没有冲突的利益，在基本原则上也没有分歧。李显龙总理于2018年4月再次访华，出席博鳌亚洲论坛。博鳌论坛期间，李显龙总理和习近平主席表示，中新关系有着示范性、战略性和前瞻性，必将成为大国与小国互惠互利的一段佳话。

最后，罗家良大使总结道，国家关系必须建立在平等、法治、相互尊重和互惠互利的原则基础上。作为一个小国，新加坡寻求与所有人成为朋友，但新加坡不能只依赖善意和惠顾，而必须维护好其基于国家利益做出独立主权决定的能力。新加坡始终是一个可靠、可信和永久的伙伴，新加坡会尽可能使自己对他人有价值，使新加坡的生存也符合他们的利益。作为一个国家，新加坡最大的价值主张是在经济、政治和社会上都不断取得进步。正如李光耀先生说过的，"如果新加坡作为一个小国消失，世界是不会怀念我们的"。

演讲之后，师生们就"特金会"、人口生育率管控、反腐败与政府治理、大国与小国的生存之道等热点问题进行提问，罗家良大使均耐心予以解答，会场气氛热烈。

【主讲人简介】

罗家良于2012—2019年担任新加坡驻华大使。罗家良曾荣获新加坡政府奖学金，1995年，获得新加坡国立大学经济学学士学位（一等荣誉）。2003年，罗家良赴美国斯坦福大学攻读斯隆硕士课程，并获得管理学硕士学位。

罗家良于1995年加入新加坡公共体系的行政服务。1997—2000年，就任新加坡驻马来西亚最高专员公署一等秘书，随后晋升为参赞（政务）。2000年，出任新加坡驻美国大使馆副馆长。2004年，被任命为吴作栋总理（后改任国务资政）的新闻秘书。2005年，兼任外交部中东司司长。2007年7月至2011年4月，罗家良就任新加坡驻台北商务办事处代表。2011年4月担任新加坡外交部副常任秘书。2015年，罗家良大使获新加坡总统陈庆炎颁授公共服务（金）勋章。

主 | 讲 | 人 | 题 | 词

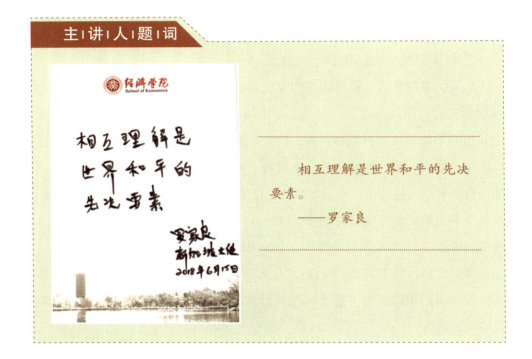

相互理解是世界和平的先决要素。

——罗家良

日本前驻华大使宫本雄二谈百年未有之大变局与中日关系

镜头：宫本雄二先生在"日本名家系列讲座"中与师生交流

> **题 记**
>
> "日本名家系列讲座"依托于北京大学经济学院开设的"日本经济与社会前沿问题"课程，主讲人为中国社会科学院近代史研究所研究员、北京大学经济学院兼职教授汪婉博士。本系列讲座邀请日本社会各界知名专家学者从经济、外交、商业等不同角度分析当前日本经济社会问题，为师生提供同日本决策层零距离交流的宝贵机会。2020年11月6日上午，日本外交家、日本前驻华大使宫本雄二作为"日本名家系列讲座"主讲人开展在线讲座。本次讲座主题为"百年未有之大变局与中日关系"，宫本雄二先生在线上与来自校内外的百余名师生展开讨论交流。

所谓百年一遇，是指什么——学习历史的意义

宫本雄二先生认为，历史由前人的成功与失败之谈编纂而成，是智慧的宝库。广读历史，深入思考，从中汲取自己需要的智慧，对每个人的人生来说都是非常重要的。人们常常说"百年一遇的大变局"，首先需要真正理解它的意义。第二次世界大战结束后，世界构建起了被称作"现行国际秩序"的新国际体系，由以世界贸易组织为代表的经济自由主义和以《联合国宪章》为代表的政治自由民主主义共同构成。1929年的世界大萧条使保护主义抬头，驱使各国为维护自身经济利益而做出决策。为了避免重蹈覆辙，以国际货币基金组织和世界银行为中心的布雷顿森林体系成立，用于确保资金、协调各成员方财政金融政策。同时为了促进自由贸易，各成员方还缔结了关税与贸易总协定，之后发展为世界贸易组织。凭借这些，人们开始追求在经济方面的发展、公平、自由等价值。

《联合国宪章》正是以全面实现和平、发展、公平、正义、民主、自由为目标的。然而联合国成立不久，美苏冷战开始，为此，包括安理会在内，联合国几度陷入功能瘫痪的状态。不过联合国通过海洋法公约、维和行动、解决贫困问题、为弱势群体提供支援等，为构建和平世界做出了巨大的贡献，它所发挥的作用应该得到公正、积极的评价。今后，伴随着世界多极化日趋发展，国际社会的重点应该转移到如何进一步强化联合国的作用上。有一种声音认为，在逆全球化潮流下，现行国际秩序迎来了终结。然而，如果否定现行国际秩序，重回过去，那么等待我们的只有一个弱肉强食的遵循"丛林法则"的世界。正因为如此，各国唯一的出路就是维护、改善、增强现行国际秩序，使它更接近我们所追求的理想状态。

构想"世界中的中日关系"

宫本雄二先生回顾道,1972年9月29日,中日实现了历史性的邦交正常化。在冷战的大背景下,中美关系的回暖推动了中日关系的发展,然而要处理好毗邻而居的两个国家的关系并不是一件简单的事情。1991年8月,日本首相海部俊树作为七国首脑成员,对华进行了首次正式访问并提到"世界中的中日关系"。他认为,我们不能以短视、浅显的眼光看待中日关系,而要以广阔、长远的视野俯瞰双方关系,只有这样才能对中日间个别问题正确定位,使中日关系从狭窄的框架中跳脱出来,发现中日关系新发展的可能性。从长远广阔的视野来看,涉及国家利益、需要予以重视的问题还有很多。将中日之间的问题放在这些不计其数的重要问题当中,方能在中日各自的外交格局中,对这些问题予以正确的定位和应对。不过,中日关系面临的现实是,两国所约定的很多事项并没有完全成功实施。如今,中日两国应该做的是,制定具体的规则和实施机制,以作为中日关系的基础,将包括《中日联合声明》在内的四个基本政治文件中的理念、原则以及国家间的约定变成现实行动方案。

"百年未有之大变局"中的中日关系

2010年以来,国际社会发生了巨大的结构性变化。第一个变化是创建了战后国际秩序并发挥主导作用的欧美国家对现行秩序存在不满;第二个变化是随着以中国为代表的发展中国家的迅速崛起和以金砖国家为代表的新兴经济体的发展,世界力量关系发生了显著的变化,国际社会的现有体系受到了巨大冲击。中国的崛起伴随着"中国标准"与"国际标准"之间的矛盾与裂痕，让国际体系产生很大的动摇，这是由于中国拥有自己独特的文化与文明。中国的文化与文明既有与世界相同的共性，也有其独特的部分。今后，中国文明，更确切地说是东方文明，将对世界文明带来建设性影响，并为构筑更璀璨的世界文明做出积极的贡献。从文明的特性来看，世界文明并不能依靠蛮力建构，其自身需要极强的优势与过硬的质量才可以，这就是"国际标准"的背景。然而，人类行为无法达到完美，"国际标准"当然也需要修正和改善，"中国标准"同样需要更多的修正和改善。在"百年一遇的大变局"背景下，这一变化的进程因为科技的加速发展而更加复杂。因此，在国际环境发生剧变的情况下，我们需要重新探讨"世界中的中日关系"这一关键词的意义。

"世界中的中日关系"的新内涵

宫本雄二先生认为，当今"世界中的中日关系"可以总结为以下一段话：

维护现行国际秩序的理念和原则，根据客观情况的变化，对中日关系进行改善，使之进一步接近理想状态，并共同致力于全球性问题的解决。中日两国处于现行国际秩序下最大的受益者行列，作为两个世界大国，需要承担起地球未来发展的重大责任。为了维护、改善现行国际秩序，中日两国还要和其他持有相同看法的国家共同合作，一起努力。一直以来，人类社会都在应对各种超越国境的全球性问题，例如环境问题、传染疾病问题等，人类社会面临的全球性问题只会增加不会减少。中日两国拥有维护东亚和平与繁荣的责任，更应该加强合作。

在后疫情时代，中日合作需要举起为了地区、为了世界、为了全人类的大旗，要以具体的行动去执行这一理念，通过获得成绩，让成果泽被世人，向全世界证明我们的态度。以经济合作为例，只考虑中日合作可以获得多少利益是远远不够的。当前国际形势正处在变化中，对中日来说，即便是纯粹的经济合作，也可能会被他人以有色眼镜看待。在世界经济一体化不断深化的今天，中日的经济合作不仅利于中日两国，两国经济关系的发展也会给地区和世界带来正面影响，具有重要意义。中日应该向世界表明，两国的经济合作是为解决世界性问题而做出的共同努力。

从这个意义上看，推动针对第三国的中日合作、针对东盟和非盟的中日合作，是非常有意义的。届时，两国必须时刻明确自己的理念，即到底出于什么目的而去做什么事，让世界正确把握中日两国在致力于什么。

比起言语，更要行动；比起行动，更要结果。日语中有句俗语"善意终有报"，意思是做事时不为自己的蝇头小利，而是真正为对方着想，那么最终自己的善举会以符合自己长远利益的形式返还。宫本雄二先生表示，他问过中国的朋友，中国的《易传》里也有一句话，叫"利者，义之和也"，"义"是因，"利"是果。这也符合中国提倡的"义利观"外交，只要怀着为了对方、为了地区、为了世界而努力的强烈信念，并拿出相应成果，那么中日经济合作的真正价值总有一天会被世界认可，这才是东方文明的胜利。

创造未来的主角是中日两国人民

宫本雄二先生表示，中国和日本是永远无法搬离彼此的邻居。除了构建和平的合作关系，没有别的选择，一旦走上别的道路，等待两国人民的只会是巨大的灾难。日本的侵华战争就是前车之鉴。为了构建和平的合作关系，两国人民需要彼此信赖。现在，国民的想法对国与国之间关系的影响越来越大，因此，培养两国人民的信任关系是当前工作的重中之重。中国人对"义"这一价值观极为重视，重视程度在日本人之上。相互理解，才会对彼此产生信赖和敬意。两国人民的相互了解会随着双方的直接交流而不断加深。特别是如今交通工具发达，网络交流工具多种多样，这使得彼此的交流更加便利。而且，在整个东亚，年轻人的流行文化互通程度高，城市文化也更加相似，年轻一代的相互交流因此更加顺畅。期待年轻一代扩大交流，实现更为频繁的日常性沟通。最后，宫本雄二先生表达了中日关系能够走向不同于以往的、更高的阶段的美好祝愿。

【主讲人简介】

宫本雄二，日本外交家、"知华派"人物之一，现任"宫本亚洲研究所"所长。1969年从京都大学法律系毕业后进入日本外务省工作，曾在哈佛大学历史系获硕士学位。历任日本裁军课长、中国课长、外务省研修所副所长、驻华全权公使、裁军司司长、驻亚特兰大总领事、冲绳担当大使、驻缅甸大使、伦敦国际战略研究所（IISS）研究员等，2006—2010年任日本驻华大使。

"国际顶刊主编讲坛"系列讲座

"发表或毁灭"（publish or perish）是学术界流传很广的一种说法。毋庸置疑，在重量级学术期刊发表论文一直是全球学界评价学者的重要标准。为了促进北京大学师生与国际顶尖经济学期刊主编之间的交流，拉近学术期刊主编与作者、读者的距离，北京大学经济学院从 2019 年开始推出"国际顶刊主编讲坛"系列讲座活动。目前已经邀请到《政治经济学杂志》（*Journal of Political Economy*）主编埃米尔·卡梅尼卡（Emir Kamenica）教授、《计量经济学杂志》（*Econometrica*）和《经济理论杂志》（*Journal of Economic Theory*）首席主编亚历山大·帕万（Alessandro Pavan）教授、《银行与金融杂志》（*Journal of Banking and Finance*）主编托尔斯滕·贝克（Thorsten Beck）教授、《亚太风险与保险杂志》（*Asia-Pacific Journal of Risk and Insurance*）主编约翰·权（Jean Kwon）教授等国际顶级经济类学术期刊的主编来校讲座。

"国际顶刊主编讲坛"系列讲座为北大师生建立了一个了解学术前沿的国际高端平台，对于打造国际领先的新型知识社区，帮助师生拓展全球视野、提升知识水平起到了重要的推进作用。

《政治经济学杂志》主编埃米尔·卡梅尼卡教授讲座

镜头:埃米尔·卡梅尼卡教授在"国际顶刊主编讲坛"活动中发表演讲

题记

2019年6月10—12日,应北京大学经济学院"国际顶刊主编讲坛"与经济学院资源、环境和产业经济学系邀请,全球顶尖经济学刊物《政治经济学杂志》主编、芝加哥大学布斯商学院讲席教授埃米尔·卡梅尼卡来访经济学院并进行学术讲座与交流。本次活动中,埃米尔·卡梅尼卡教授就"贝叶斯劝说与信息设计"(Bayesian Persuasion and Information Design)和"美国社会撕裂了吗?基于群体文化差异演变的研究"(Coming Apart? Cultural Distances in the United States Over Time)两个主题与师生展开学术交流。

贝叶斯劝说与信息设计

卡梅尼卡教授首先汇报了"贝叶斯劝说与信息设计"的研究。他以现实中三个有趣的现象作为开头：学校如果简单直接地给学生打高分，可能会改善毕业生就业表现；谷歌（Google）公司可以提供关于交通状况的干扰信息减少拥堵的发生；社会计划者可以提供有关银行偿付能力的有限信息来改善个人的福利。即使每个人完全理性并且理解数据的产生过程，上述这些情况仍然可能发生。这就提出一个问题：在社会或者私人层面，应该披露的有效信息是怎样的？卡梅尼卡教授"贝叶斯劝说与信息设计"的文章正是为回答这一问题而作。

大多数经济学学科的一个隐含前提是，行为是由三个因素驱动的：偏好、技术和信息。因此，如果我们希望对行为表现施以影响，有三种方式可以采用。第一种方法也是最直接的方法是通过激励措施改变行为偏好，例如有偿支付、暴力威胁或互补品提供。第二种方法是使决策者更容易实现行为目标，即改进相关技术。卡梅尼卡教授的研究关注的是第三种方法——劝说，即通过提供信息影响行为。整体上，卡梅尼卡教授将重点研究理解信息如何产生和以理性（贝叶斯）方式对信息做出反应的标准决策者，由此上文所提"劝说"即"贝叶斯劝说"。贝叶斯劝说也被称为"信息设计"，可用类比机制设计来加以理解。在机制设计中，人们知道现有的条件如何，设计者通过选择当事人将参与的游戏来影响结果。而在信息设计中，参与的游戏是给定的，设计者通过指定由哪些人知道什么信息来对结果产生影响。

贝叶斯劝说或可被视为一种沟通协议，通常表现为廉价交谈、真实信息和信号游戏。相对于其他的沟通模式，贝叶斯劝说赋予信息发布者更多的承诺权力。一般来说，贝叶斯劝说允许发布者传递任何作为世界状态函数的消息形态。这种完全承诺产生的均衡结果与另一种模型的结果相同，即发布者公开选择观察的信息多少，然后策略性地决定通过可验证方式披露多少私人信息。然而，这个等价结果可能不是特别重要，因为在大多数应用中，完全承诺更接近于被分析的现实世界。与既有的这些研究相比，卡梅尼卡教授仅关注如下情形，即信息设计者的动机是影响观察到信号的人的行为。

具体来看，贝叶斯劝说中有一项代表性的研究成果是"悬念和意外"（suspense and surprise）。日常生活中，人们对娱乐新闻以及体育新闻等相对非重要信息十分关注，对这些相对非重要信息的需求可能源于这些信息的娱乐价值，例如悬疑小说、影视剧、体育赛事都将提供娱乐性作为主要服务内容，并通过特殊的信息披露方式刺激受众来产生价值。从理论模型分析来看，人们从中获得的娱乐效用主要源于悬念和意外两个维度。人们在接收非重要信息时，在每个时点都会对情节走向结果等有相应的信念。如果对下一个时期的信念波动幅度越大，则这一时期的悬念越大；而如果当前时期的信念与上一时期信念之间的差距越大，则这一时期的意外程度越大。卡梅尼卡教授借此进一步分析了如何在时间维度上进行最优的信息披露，以使得受众预期的悬念和体验到的意外获得最大程度的满足。研究所得的结论是，最优的信息披露应该在两种可能结局间来回跳跃，既要保持"剧情反转"的可能性，又要让每一次反转发生的可能性越来越小。卡梅尼卡教授的这一研究在悬疑小说、博彩、美国政治初选、拍卖和体育活动等方面都有广阔的运用空间。

美国社会撕裂了吗？基于群体文化差异演变的研究

接下来，卡梅尼卡教授以"美国社会撕裂了吗？基于群体文化差异演变的研究"为题，报告了他与合作者的最新工作论文。

卡梅尼卡教授首先列举了一些现象。当美国乡村家庭在看《鸭子王朝》（美国A&E电视台播放的真人秀节目）、钓鱼和打猎时，城市家庭在看《摩登家庭》（美国情景喜剧）、在公园里做瑜伽。经济状况比较好的人会周游世界，寻找当地风味的餐馆；而经济状况不太好的人则可能连护照都没有，只能在当地的麦当劳就餐。保守主义者给他们的儿子取的名字比较男性化，比如库尔特（Kurt）；而自由主义者会选择听起来比较女性化的名字，比如利亚姆（Liam）。当男性玩电子游戏时，女性则偏好在社交软件上发布照片。这些只是当今美国不同群体之间文化差异的几个例子。21世纪初，学者们普遍强调在音乐品味、语言使用、媒体消费和消费行为方面的种族文化差异呈上升趋势，这些文化差异可能会导致美国社会冲突加剧、社会资本减少等严重问题。其中一种人甚至认为，文化距离的扩大将导致政治两极分化日益加剧。

诚然，上述文化距离可能会产生重要的后果。政治经济学中大量的经验文献表明，高水平的民族语言分裂阻碍了公共物品的提供，减少了社会资本并增加了冲突的可能性。此外，当不同种族之间的文化差异增大时，这些结果尤其严重。社会学家如皮埃尔·布尔迪厄（Pierre Bourdieu）为政治经济学文献中的发现提供了一些理论基础。

那么，为什么今天的文化差异会比过去更大？科技进步可能会导致文化差异：当只有一个电视频道可以看，或者只有一个品牌的番茄酱可以买时，所有群体都被迫分享相同的文化。因此，增加的选择集可能加剧了文化差异。

然而，这并不是一个必然的结果。第一，有可能只有两个电视节目，每个节目都迎合一个群体，但有了成千上万个节目后，与群体特质无关的特殊偏好就成为文化选择的主要驱动力。第二，普遍采用的新技术可能会消除文化差异，也许过去富人和穷人的时间利用各不相同，但现在每个人都整天关注自己的脸书（Facebook）动态。

卡梅尼卡教授及合作者衡量了美国不同群体的文化距离的程度。具体来看，他们根据性别、族裔、受教育水平、收入和政治意识形态来定义不同的群体。与此同时，他们收集了多个数据集，以尽可能完整、长期地刻画人们文化生活的方方面面，内容涵盖媒体消费和消费者行为（1992年起）、态度（1976年起）和时间利用（1965年起）。卡梅尼卡教授及合作者根据某一年的媒体消费情况来判断一个人是富还是穷，从而确定了某一年贫富群体之间的媒体消费文化距离。另外，他们对文化的其他三个维度（消费者行为、态度和时间使用）和其他群体关系特质使用类似的定义方式。方法上，卡梅尼卡教授及合作者使用机器学习来确定在给定的年份里如何从一组变量中预测群组成员。特别地，他们集合了弹性网、回归树和随机森林三种不同的方法来进行预测。

卡梅尼卡教授及合作者全面考察了20世纪60年代以来美国不同群体文化差异演变的长期趋势，研究结果全面驳斥了文化差异日益扩大的假设。除了少数例外，文化距离的范围大体上一直是不变的。1965—1995年间，男性和女性的时间利用变得更加相似。或许更令人惊讶的是，在过去的20年里，时间利用上的性别差异并没有发生变化。另外，自20世纪70年代以来，政治意识形态和收入造成的社会态度差异有所增加。白人和非白人在社会态度上有所趋同，但在消费行为上存在分歧。总结来看，主要研究结论显示，对于所有其他人口统计特征划分和文化维度来说，文化距离整体保持不变。该发现与"美国正成为一个日益分裂的社会"的流行说法相悖。卡梅尼卡教授及合作者的这一研究对于理解美国不同群体的文化差异现状和历史变迁具有

讲座后师生合影

重要意义。

最后,参加讲座的师生们围绕卡梅尼卡教授的模型设定、解释机制、文化距离的测算方法等问题踊跃提问和积极交流。讲座结束后,卡梅尼卡教授与经济学院师生合影并欣然题词。

【主讲人简介】

埃米尔·卡梅尼卡教授2006年毕业于哈佛大学,获经济学博士学位。2011年,卡梅尼卡作为第一作者和马修·根茨科夫(Matthew Gentzkow)(斯坦福大学经济系讲席教授、2014年美国经济学会最高奖——约翰·贝茨·克拉克奖得主)在全球顶尖经济学刊物《美国经济评论》(*American Economic Review*)上发表论文《贝叶斯劝说》(Bayesian Persuasion)。该论文被认为是经济学近20年来所取得的最重大的理论贡献之一。

主讲人题词

> Thank you very much for your hospitality. It's a pleasure to visit here.
> —Emir Kamenica

非常感谢你们的热情招待，我很高兴能访问这里。
　　　　　　——埃米尔·卡梅尼卡

《经济理论杂志》主编亚历山大·帕万教授讲座

镜头：亚历山大·帕万教授在"国际顶刊主编讲坛"活动中发表演讲

题记

2019年6月20—21日，应北京大学经济学院"国际顶刊主编讲坛"与经济学院资源、环境和产业经济学系邀请，全球顶尖经济学刊物《经济理论杂志》首席主编、美国西北大学经济学教授亚历山大·帕万访问经济学院并进行学术讲座和交流。在本次活动中，亚历山大·帕万教授分别以"变化世界中的企业经理更替"（Managerial Turnover in a Changing World）、"关于体制变化的动态全局博弈"（Dynamic Global Games of Regime Change）、"全局博弈中的劝说及其在压力测试中的应用"（Persuasion in Global Games with Application to Stress Testing）和"平台市场中的信息管理与定价"（Information Management and Pricing in Platform Markets）为主题展开演讲。

变化世界中的企业经理更替

企业经理人在企业发展中扮演着重要角色，因此其工作的稳定性和薪酬设计也十分重要。但现实中由于受新技术、企业合并、新的法律法规出台等因素影响，企业经理人的经营能力可能受到冲击，这也对企业经理人的合同设计提出了新的要求。帕万教授与合作者基于此构建起一个考虑经理人经营能力冲击的企业经理合同动态模型。根据模型设计，企业经理的经营能力会随时间改变，这一冲击在合同签订时已被预期，但只能被企业经理自身观察到。模型推导的结果表明，在最有效率（企业预期现金流和经理预期收益加总最大化）条件下，企业保留经理人合同的决策会随着时间推移越来越宽松，即企业经理人的任期越长，企业对其经营能力的要求也越低。而与最有效率条件下的决策相比，在利润最大化（企业净利润即经理经营剩余最大化）条件下，企业决策会存在一定的扭曲——在经理人的所有任期提出过高的要求，或者早期解雇概率更高，在之后任期内提出过高要求。帕万教授与合作者的这一研究对于公司治理理论的拓展和企业经理合约的实际制定具有重要的理论及现实意义。

关于体制变化的动态全局博弈

体制变化的动态全局博弈，即不完全信息下的协调博弈，是指一旦有足够多的参与者攻击现有状态，则现有该状态将被放弃，它在已有研究中被用来分析货币攻击、银行挤兑、债务危机、政治变革等多种危机现象。帕万教授与合作者在 2007 年发表于《计量经济学杂志》上的经典论文通过允许参与者多期行动、随时间推移进行信息学习,实现了对原有静态模型的拓展。在模型中,存在许多个参与者和两个可能发生的体制,每一时期每个参与者可以选择攻击或者不攻击现有体制,并根据体制被推翻与否获得相应效用。具体而言,他们首先运用一种简单的递归算法来表征单调均衡,然后对上一次攻击中幸存体制的信息如何与新到来的信息相互作用进行分析,并得到均衡状态下的特殊属性。首先,在与静态模型中实现单一均衡所需要的外部信息相同的条件下,在动态模型中可以得到多个均衡;其次,可以通过参与者的收益结构预测体制的最终命运,但不能预测攻击发生的时间或数量;最后,动态情况下均衡可能会在和平(没有攻击发生)、危险(即使结构不发生变化也可能有大的攻击发生)状态间交替。他们的这一研究对于体制变化的动态全局博弈进行了有效拓展,对于全局博弈和动态全局博弈的理论发展具有重要意义。

亚历山大·帕万教授讲解体制变化的动态全局博弈

全局博弈中的劝说及其在压力测试中的应用

市场环境中各市场参与者的信念协调一致十分重要，否则很容易发生银行挤兑等失序现象。如果发生危机，政府往往会采取干预行为，例如通过向市场披露银行压力测试结果等信息以提振市场信心。帕万教授和合作者的研究以此为背景，对体制变化的全局博弈中的信息设计予以分析，尤其是对银行压力测试结果的最优披露方式进行了理论探讨。他们的研究表明，最优政策会协调所有市场参与者，使其采取相同的行动方案。重要的是，虽然它消除了所有策略不确定性，但保留了结构不确定性中的异质性，也即每一个市场参与者都能完美预测其他人的信念，却不能有效预测市场信念的总体优化方向。如果政策制定者必须向所有市场参与方披露同样信息，最优政策是发布简单的"通过/失败"型压力测试结果。而在歧视性披露方式下，对不同群体披露不同信息能够让各参与主体难以预测其他人行为方式的最优化方向，从而达到分割和征服市场的目的，提升政策整体福利。他们的这一研究不仅适用于银行压力测试，对于涉及机制变化的博弈也有广阔的运用前景。

平台市场中的信息管理与定价

现实中类似 App Store、eBay 等平台市场，在发展早期为了吸引商家和开发者入驻，往往会通过多种广告、展览、博客等信息管理及定价方式以证明和提升其吸引客源的能力。帕万教授与合作者的论文正是聚焦于平台市场中的信息管理与定价这一问题，通过完备的理论模型对平台市场设计信息管理政策面临的各种权衡取舍进行了分析。论文的研究结果表明，市场上用户偏

亚历山大·帕万教授讲解平台市场中的信息管理与定价

好信息分散时，商家对平台产品的估值很大程度上取决于平台吸引客源的能力，相应的需求弹性更低，平台均衡价格也更高。平台可以通过有效匹配各方偏好获益，例如平台设计能同时满足商家和客户对产品的需要，或者允许不同商家参与平台产品的塑造。一旦偏好匹配完毕，平台在发布前的各项活动可以使得商家通过自身判断来预测其他商家的参与度，从而使平台受益，但这对于消费者不一定是利好，因为平台通过软化竞争，最终收费会更高。从平台发展的动态视角看，越早对平台参与度进行信息披露，带来的效益越大，网络效应越强，但随着各方偏好的匹配度增加，信息披露带来的效益会减少，网络效应也会随之减弱。他们的上述研究对于理解平台在早期阶段开展的各项展览、试验、论坛和病毒式营销活动具有重要意义。

讲座过程中，与会师生与帕万教授围绕模型设定、解释机制、与现实问题匹配度等问题进行了深入的交流和探讨。本次讲座取得良好效果，有效推动了经济学院在经济理论、机制设计领域的国际学术交流与合作。

【主讲人简介】

亚历山大·帕万，全球顶尖经济学刊物《经济理论杂志》首席主编，美国西北大学经济学教授，法国图卢兹大学经济学博士，师从诺贝尔经济学奖获得者让·梯若尔（Jean Tirole）教授。研究兴趣领域包括经济理论、机制设计、信息经济学、信息与协调的社会价值、最优税制等，是微观经济学理论领域的顶尖学者。

主│讲│人│题│词

To the students:
Take advantage of this important moment in your life to cultivate your passions, develop your interests, learn from this excellent faculty and flourish as human beings. My best wishes for all success in life.

Alessandro Pavan

利用你们生活中每一个重要的时刻培养你们的激情，发展你们的兴趣，在这个优秀的学院汲取知识，并闪耀人类的光芒。

祝福生命中每一个美好的瞬间。

——亚历山大·帕万

《银行与金融杂志》主编托尔斯滕·贝克教授讲座

镜头：托尔斯滕·贝克教授在"国际顶刊主编讲坛"活动中发表演讲

> **题 记**
>
> 2019年10月16日，应北京大学经济学院"国际顶刊主编讲坛"邀请，全球顶尖经济学刊物《银行与金融杂志》主编、伦敦大学卡斯商学院银行与金融学教授托尔斯滕·贝克访问经济学院并开展学术讲座与交流。本次活动中，托尔斯滕·贝克教授以"跨国银行监管的经济学"（The Economics of Supranational Bank Supervision）为主题发表演讲。

雷曼兄弟、德克夏银行等金融机构的破产是全球金融危机爆发的重要原因。危机过后，各国显著加强了银行监管合作，跨国银行监管合作协议的数量与合作强度均迅速上升，其中欧元区成立了以欧洲央行为中心的大型银行合作监管机构，但对于跨国银行监管合作的有效性与整体适用性仍缺乏相关研究。贝克教授与合作者的论文基于 1995—2013 年 93 个国家的 4 278 个银行的监管合作协议，对银行机构之间合作监管的有效性进行检验。合作的双边（有时是多边）性质差异产生了银行层面的变化，因为跨国银行分支机构所在地有所不同。合作在提高银行稳定性方面通常是有效的，但效率取决于监管环境以及受监管银行自身的特点。监管合作收益随合作双方特定国家对的变化而变化，对有些国家而言，合作成本可能超过收益，这意味着并不一定总是需要提升合作监管强度。这些发现不仅对金融安全网的决策者、跨国企业等非常重要，而且增进了我们对（超）国家银行政策制定决策的成本和效益的理解。

贝克教授首先从银行破产的一系列外部因素如网络效应、借贷关系以及信息效应出发，介绍了银行监管的动因；相比于国内监管，跨国监管更能保护外国股东的利益以及应对汇率风险。国家法律体系及文化、偏好的不同，以及对于银行体系和市场结构依赖程度的差异，导致跨国监管的外部性不存在普适性的监管规则与统一的监管标准。

贝克教授通过地图描绘了国家之间合作协议的分布，表明各个国家形成合作协议的倾向存在很大差异。大约有 1/3 的国家与其他国家之间的合作协议不超过 5%，而 1/4 的国家拥有超过 20% 的合作协议。

从跨国监管合作的有效性来看，有效的合作能够提升银行稳定性，但实际上监管者面临许多约束，在国际监管的背景下这些约束将更加复杂，因此即使达成了良好的合作协议，稳定性也不一定会更高。我们可以通过构建特定银行监管合作指数来衡量跨国银行监管合作协议涵盖全球银行母子公司结构的程度。首先对跨境银行的大样本面板数据进行分析，研究发现，监管合作发生率越高，银行稳定性越高，这可以用 z 分数或银行的边际预期缺口来衡量。这种对稳定性的影响具有很大的经济显著性，例如，银行层面监管合作强度每增加一个标准差，银行的 z 得分提高24%。值得注意的是，研究发现，监管强度与稳定性的相关关系主要在较小的银行中体现，大银行由于其复杂性降低了监管效率。

将研究样本局限于小银行时，研究发现，监管合作通过影响风险资产来影响银行稳定性，这与风险资产难以观测和控制的观点是一致的。因此，密集的合作和信息交流能够对资产风险的管理起到显著效果。根据 Signorino and Ritter（1999）的研究，将其作为合作强度的工具变量，结果显示监管强度对银行稳定性的因果关系是稳健的。此外，从一国监管特征和金融制度对监管有效性的影响来看，合作的有效性随本国和东道国监管的严格程度以及质量的提升而提升。

合作有效性原则表明各国应该在银行监管方面加强合作，但这与本文数据相悖。数据显示，许多国家合作倾向较低，原因是合作成本较高，这种成本因国家而异，有时成本会超过合作收益。合作成本因国家间异质性而产生，而外部性为合作创造了收益。这种异质性体现为不同偏好、经济和体制结构等，但外部性提升了合作可能性。当一国决策对他国产生影响时，分散的监管政策将是低效的，尤其当个别国家采取不同于全球的监管水平时更为明显，因为这些国家往往会忽视本国银行破产的国际溢出效应，考虑到这些溢出效应，合作的成果将有所改善。

实证结果表明，数据中观察到的合作模式与由外部性和异质性所产生的（净）合作收益一致。本文研究了双边层面上合作的三个维度：两国之间是否存在合作，合作强度如何，给定的国家对合作的倾向。我们发现双边外部性与合作呈正相关性，较高的外部性使国家之间更有可能且以更密集的形式合作（例如，共同主管而不仅仅是交换信息）。与此相反，我们发现双边异质性与合作的三个维度都呈负相关关系。

托尔斯滕·贝克教授讲解跨国银行监管的经济学

本文的研究对政策具有三个重要的启示意义：第一，合作改善了银行的稳定性，但其影响关键取决于机构特征，如监管权力和信息获取。第二，合作有效性随着银行规模上升而降低，这可能反映了大型银行监管的复杂性。第三，全球统一推动加强银行监管的协调可能并不一定是最佳的，尽管这有望改善银行的稳定性。因为合作的（净）收益因国家而异，实际协议可能已经反映了这一点。决策者在努力改善国际金融架构时，应意识到各国在合作成果方面的差异。

以上研究对于理解银行监管模式选择等具有重要意义。讲座过程中，与会师生与贝克教授围绕理论基础、模型设定、实证设计等问题进行了深入的交流和探讨。本次讲座取得了良好的效果，有效推动了经院师生与经济学前沿领域的国际学术交流与合作。

【主讲人简介】

托尔斯滕·贝克,《银行与金融杂志》主编,《经济政策》(Economy Policy)执行主编,伦敦大学卡斯商学院银行与金融学教授。他曾任职于荷兰蒂尔堡大学、世界银行,任《金融评论》(Review of Finance)联合主编,并在欧洲中央银行、国际清算银行、国际货币基金组织等机构担任顾问。贝克教授的主要研究领域为公司金融、银行、发展经济学等。

《亚太风险与保险杂志》主编约翰·权教授讲座

镜头：约翰·权教授在"国际顶刊主编讲坛"活动中发表演讲

题 记

2019年5月13—17日，应北京大学经济学院"国际顶刊主编讲坛"风险管理与保险学系邀请，《亚太风险与保险杂志》主编、美国圣约翰大学风险管理学院国际保险与风险管理讲席教授约翰·权来访我院并开设了五次系列讲座。约翰·权教授围绕"应对网络系统风险的保险市场"（The Cyber-Physical Insurance for Insurance Business）、"公司经营视角下的保险监管"（Insurance Regulation: An Operational Perspective）、"保险法律与监管"（Insurance: Laws and Regulation）和"参数化保险发展对微观、中观、宏观风险管理的影响"（Expansion of Parametric Insurance for Micro, Meso and Macro-risk Management）等主题与师生展开了分享。

应对网络系统风险的保险市场

随着人类对网络依赖程度的加深,以及人工智能的迅猛发展,网络风险也急剧变化积聚,成为一类重要的新型风险,这对中国和世界都是全新的挑战。根据世界经济论坛发布的全球风险景观(WEF Global Risk Landscape)数据,网络攻击风险在2012年首次成为全球五大风险之一;而到了2018年,两项与网络安全有关的风险——网络攻击和风险数据欺诈/盗窃风险——均跻身全球五大风险之列。2018年劳合社发布的全球风险展望(Lloyd's Global Risk Outlook)显示,全球22项主要风险加总可影响全球41%的GDP,而其中网络风险一项可占总影响的7%(约为365亿美元)。目前,各国政府针对网络风险监管的重点主要是预防风险和保护消费者。直至今日,全球58%的国家都颁布了针对消费者保护和信息安全的法律,其中包括中国、美国、新加坡和欧盟等经济体。

总体来看,网络风险呈现三大基本特征:第一,风险通常有针对性,但也可能随机影响经济中的个别单位;第二,风险有可能造成灾难性的损失,并影响一系列相关方,包括生产/服务链条中的相关方和金融服务机构的客户,或者使用受到攻击的网络的用户;第三,威胁可能由第三方(黑客)或者内部人员(比如员工)发起。从全球17个最严重的数据泄露案例来看,无论公共部门还是私营部门,都可能是网络攻击的潜在目标,并且网络安全攻击可能重复出现。由于一些被盗的数据不能立即被使用,被黑客入侵的单位还可能面临潜在的长期风险。从受影响的对象来看,医院、大学、银行等都是容易受到网络风险攻击和影响的单位。基于网络风险的特征,约翰·权教授随后讨论了对网络风险的建模问题。与传统风险相比,有关网络风险损失的信息非常有限，同时，由于人类行为的复杂性，关于网络风险的潜在驱动因素具有模糊性。因此对网络风险的建模更加复杂，对网络保险的定价也需要考虑更多因素。

应市场需求，网络保险市场近年来发展较快，但规模仍然有限。2011—2015年，美国网络保险市场增长率达到了30%；即便如此，2017年全美网络保险保费仅为300万美元左右，约占美国保险市场总保费的1%。究其原因，供需双方都有责任：一方面，保险公司缺乏相关历史数据，并且看到网络攻击不断发展、潜在的灾难性风险可能上升，因此相关保单设计保守，无法满足市场需要；另一方面，消费者对网络风险理解有限，面对非标准化的网络保险保单以及尚不明确的法律环境，对于相关保险的购买也并不积极。目前，消费者和保险公司对传统保险与网络保险的认知还存在很大差距。同时，各行业对网络风险及其损失的定义也存在较大分歧。因此，推广网络保险必须尽量减少观点的差异，摒弃传统保险市场思维，开发全新的网络保险市场，而不是制定一体化的网络保险保单。最终，市场的成熟需要相关方互相合作、协调，并实现标准化，为客户提供全方位的服务和保护。

公司经营视角下的保险监管

当今世界，自然灾害和人为灾害频发。根据瑞士再保险公司发布的数据，1970年世界自然灾害发生数量不足50次；到2018年，自然灾害发生数量达到181次。人为灾害数量也从1970年的50余次增长到2018年的123次。同时，自然灾害造成的人口死亡数量不断增多。这主要是因为随着经济的发展，人口和财产的集中度不断上升，而且世界上的发达城市大多临近水域，更加容易受到自然灾害的影响。在风险不断增加的背景下，保险在风险识别、损失量化、防损减损、损失融资以及风险项目管理等方面扮演着越来越重要的角色，成为重要的风险承担者。但是保险承保的损失仅是总损失的一部分。1970—2017年，承保损失占总损失的比例不断下降，所形成的保障缺口相应不断增大。目前，世界经济和人口结构变化迅速，人口老龄化趋势明显，同时一些新的技术不断涌现，形成了更多新的风险种类。在应对这些风险的过程中，政府起到的作用相对有限。比如，在美国的养老保险制度下，政府养老金只能满足大约1/3的养老消费需求，并且老龄化造成的养老基金压力日益增大，政府正在通过延迟退休年龄等措施进一步降低这一保障的比例。剩余的养老需求需要通过个人的风险转移和风险自留来解决。在这一过程中，保险扮演的角色日益重要。

约翰·权教授从保险公司经营视角介绍了针对保险行业的严格监管及其原因。由于对保单持有人具有重要的保障责任，对社会风险管理也发挥着不可忽视的作用，保险公司经营管理受到的政府监管比其他行业更加严格。主要体现在以下几个方面：首先，在保险公司经营周期中，当经营管理方面遇到困难时，政府会介入其经营过程；其次，与其他类型的企业不同，当保险公司破产时，客户（保单持有人）的利益优先于债权人和股东的利益；再次，保险公司在保单设计、定价、销售、承保、索赔以及再保险和资金投资等全部经营过程中，其行为都会受到监管；最后，政府对保险公司资本充足率有严格的要求，不允许保险公司通过借债进行杠杆操作。之所以要对保险公司进行更为严格的监管，主要是为了保护保单持有人的利益。从世界范围来看，保险行业的破产概率比其他行业都低，这正是保险监管的目标。

最后，约翰·权教授与在场师生针对金融科技对保险行业的影响、保险行业是否过度监管等问题进行了充分讨论。此次讲座让大家对保险的作用和保险监管有了更加深刻的理解，为理论和实践提供了更加丰富的素材。

保险法律与监管

在以"保险法律与监管"为题的讲座中,约翰·权教授与三十余位本科生进行了交流和互动。约翰·权教授通过抽签答题的方式,与在场同学进行有趣的互动,通过这个形式介绍保险学的基本理论与保险监管发展的最新趋势。其中,保险学基本理论包括责任保险的定义和法律基础、保险赔付率和综合赔付率的定义、寿险中的自杀条款、保险公司和保险中介的不同等。此外,约翰·权教授还结合无人驾驶汽车所引发的事故是否属于车险赔偿范围、物联网和保险科技、信息风险和信息保险等问题给同学们普及了保险业最新的发展趋势和监管难题。科技进步为保险业发展带来了挑战,也提供了更多发展潜力,比如线上投保、核保、理赔的一站式服务,充分节约了时间和人力物力,提高了保险行业的效率。保险在我们的生活中扮演着重要角色,大家应该更多地关注保险实务,了解更多有关保险公司的知识,并且随着保险科技的发展,进行保险产品和实践的创新。在这一过程中,政府为了保护消费者的利益,会对保险公司进行监管,但也不能故步自封、损害行业发展。

讲座结束后,在场同学在提问环节问到中美贸易摩擦对两国保险业的影响,约翰·权教授认为贸易摩擦和高关税会让消费者的利益受到损害,对保险行业也会造成损害,两国应该通过协商解决问题。此外,约翰·权教授还与同学们针对保险法律和保险监管的关系进行了讨论。通过这次生动的讲座分享,同学们进一步巩固了对保险学原理的理解,并加深了对保险监管前沿的认识,同时开拓了国际视野。

参数化保险发展对微观、中观、宏观风险管理的影响

"参数化保险"的概念由来已久,但相关实践仍然处于起步阶段。参数化保险与传统保险有很多不同之处。传统保险遵循补偿性原则(indemnity principle),需要进行严格的风险评估和分类,对于保险的可得性有所限制。数据显示,1970—2015年,承保风险占总风险的比例不断下降,保险缺口不断增大,其中发展中经济体占全球保险缺口的96%。同时,传统保险在理赔过程中也容易出现有关赔偿范围和索赔金额的争议。与之相比,参数化保险不再以补偿性原则为基础,在产品设计和风险适应方面更具灵活性,能够减少信息摩擦,提高理赔效率,并且降低交易和运营成本,具有一定的优势。但它也存在一些缺点,比如前期成本投入较高、保单的可转移性较差,在基础风险的综合建模方面也较为复杂。参数化保险可以分为基于总损失的指数化保险、纯参数化保险和参数-指数保险这三类。约翰·权教授介绍了参数化保险中的可保利益(insurable interest)原则。法律虽然没有明确规定参数化保险的可保利益的处理方式,但是由于法律明确规定保险的作用是补偿经济损失和风险分担,因此参数化保险公司应该加强对无损失投保人的赔偿管理。

当前的参数化保险在微观、中观、宏观风险管理方面都发挥着重要作用。在微观层面,它可以弥补传统保险的空白,保护个体和中小企业的资产及利润;在中观层面,它可以保护政府部门、大企业等的利益;在宏观层面,它可以对国家、国际组织等的风险进行有效管理。在具体实践上,法国、摩洛哥、菲律宾、美国等国家都在积极促进本国参数化保险的发展,中国也在探索通过参数化保险促进灾害风险管理。随着科技的发展,信息化技术和智能保单等在参数化保险中的应用越来越广泛。

与此同时,参数化保险也面临着基础风险管理和建模问题。参数化保险

约翰·权教授讲解参数化保险发展对风险管理的影响

的基础风险主要来自被保险人损失分布的方差。在参数化保险的建模过程中,需要对基础风险高的地区和基础风险低的地区进行综合考虑,这使得模型变得更加复杂。除此之外,参数化保险建模还要考虑参数的可持续性、透明性和独立性,同时要保证保险赔付与被保险人的潜在损失在统计学意义上具有相关性。

这几次讲座内容丰富,听众包括北京大学经济学院本科生、硕士生、博士生,约翰·权教授也与风险管理与保险学系的老师们进行了多种形式的交流。通过这几次讲座,经济学院的师生们了解了更多保险业的前沿发展状况。与约翰·权教授的交流促使风险管理与保险学系的师生进一步开拓国际视野,了解行业前沿,提高学术水平,对教学和研究的开展均有裨益。

【主讲人简介】

约翰·权，《亚太风险与保险杂志》主编、国际保险协会（International Insurance Society）研究总监、美国圣约翰大学风险管理学院国际保险与风险管理讲席教授、保险监管研究中心主任，是风险管理与保险领域最著名的亚裔教授之一。约翰·权教授是国际保险监管研究的权威，在风险管理与保险的顶级期刊《风险与保险》（Journal of Risk and Insurance）等发表论文多篇，他还在风险与保险学术研究组织担任多个职位，长期以来致力于国际保险学术研究的联合与交流，推动亚洲和北美保险研究学术界的合作。

"名师论道"
系列讲座

以北京大学120周年校庆和北京大学经济学院105周年院庆为契机，北京大学经济学院开展了一系列丰富而重要的学术活动。其中，由北京大学国际合作部和经济与管理学部主办、北京大学经济学院承办的高端学术讲学计划"名师论道"，旨在邀请国内外著名经济学家，针对热点话题以及学术前沿开展学术交流和主题演讲。在这些会议上，包括哈佛大学讲席教授罗伯特·巴罗（Robert Barro）、纽约大学经济系和斯特恩商学院（Stern School of Business）讲席教授及全球顶尖经济学刊物《美国经济评论》（The American Economic Review）联合主编亚历山大·利泽里（Alessandro Lizzeri）、加州伯克利大学哈斯商学院（UC Berkeley Haas School of Business）和政治系双聘讲席教授埃内斯托·达尔贝奥（Ernesto Dal Bó）等在内的来自世界各国的经济学专家学者展开了广泛的交流研讨，形成了一系列具有重要意义的观点主张和学术成果。活动举办至今，吸引了包括北京大学、清华大学、中国人民大学、中国社会科学院、对外经济贸易大学、中央财经大学、中国农业大学等科研院所及高校师生热烈参与。

"名师论道"系列讲座通过邀请世界一流大学的知名学者来校开展讲座与交流，聚集了全球优质教育资源，为师生开拓国际视野、提升学术研究水平建立了一个优质平台，也为北京大学建设世界智识高地创造了良好的机会与条件。

对话罗伯特·巴罗教授：中国与世界经济增长

镜头：罗伯特·巴罗教授发表题为"中国与世界经济增长"的学术报告

> **题 记**

  2017年5月22日晚，北京大学经济学院105周年院庆系列活动之与大师对话——罗伯特·巴罗教授学术讲座在北京大学经济学院东旭学术报告厅举行。著名经济学家、哈佛大学讲席教授罗伯特·巴罗应邀作了题为"中国与世界经济增长"的学术报告，来自校内外近二百位专家学者和学生到场聆听。

巴罗教授系统阐述了基于条件收敛模型（conditional-convergence model）对中国和世界经济增长路径的最新研究成果。根据对85个国家1960—2014年数据的相关研究，巴罗教授指出，真实人均GDP增速以每年2%—3%的速度逐步收敛，且最终将收敛至一个长期稳定的增长率水平，这也表明收敛接近于每年2%的"铁律"。如果其他变量保持不变，实际人均GDP的收敛速度将会接近于其他解释变量的长期值所预测的水平（经全球趋势调整后）。这一水平受到人均GDP基数、人口预期寿命、生育率、入学率、固定资本投资率、经济开放水平、企业税负等多种因素的共同影响。一些变量对增长有显著的正影响（假定初始人均GDP不变），包括出生时的期望寿命、法律法规指标、投资比例、开放度比率和贸易条件变化；而另一些存在负向影响的变量有出生率和通货膨胀率。估计出的民主制度指标的参数并不是线性的，在指标数值低时为正，但随着数值增大最终变为负。受教育年限与增长的关系非常微弱，也许是因为这个指标度量的是受教育年限而非质量。通常意义上讲，一个特定X变量的参数值应该会随着自变量包含内容的变化而改变。然而，一般规律是，对于自由市场运行或者生产率提高有利的变化通常对增长率有正影响。

套用上述结果，我们可以评估中国1960—2010年真实的和模型估计的经济增长率。在样本早期，实际人均GDP的真实增长率比模型估计值低。这是因为中国此时的收敛率要比国际经验低。换言之，由于中国在这段时期人均GDP较低，经济增长本该更快（即使考虑了X变量通常而言的不利性）。反过来，中国经济的增长速度从1990年开始就有超越模型估计值的趋势——两者之差在后四个五年时间段上有三个显著为正。值得注意的是，2005—2010年，实际人均增长率达到每年8.9%的水平，比估计的4.2%高出很多。这也意味着，如果以GDP名义值作为衡量标准，那么中国已经在之前的20年以意想不到的高速收敛于中等收入水平及更高的收入水平，而国际经验的预测值被远远甩在了后面（给定中国X变量的值不变）。

当然，如果加入更多针对中国特定国情的解释变量，中国真实的和模型估计的经济增长率之差可能会减少。有观点认为，中国早期可能比较封闭，而随着改革开放逐渐变得亲近市场，该变化可能没有被完全显示在X变量当中。构建统一的模型将不同国家在不同时间上的所有外部因素都囊括进来，是极具挑战性的。这也意味着要评估新的X变量，并将它们融入回归模型。

运用跨国面板结果去预测中国未来的经济增长并非没有可能。为此，我们采用了中国最新能获取到的解释变量数据，结果显示中国从2015年开始，人均增长率是3.5%（根据经验，收敛过程随后的增长率会逐渐降低）。这个预测值远远低于官方预测给出的五年年均GDP的6%—7%的水平（由于人口增长或应每年调减0.5%）。当然，由于模型从2000年开始就低估中国的经济增长率，2015年开始的预测增长率也极有可能被低估。但是在条件收敛框架下中国的增长率不可能长期游离于国际经验之外，特别是中国的人均GDP增长率不可能长期保持超过6%的增速。

如果将中国的成就代入全球背景，巴罗教授的研究就通过合理的指标计算出了全球所有收敛成功案例，尽管这些指标稍显主观。需要特别注意的是，巴罗教授认为衡量收敛成功的一个重要标准就是1990—2014年实际人均GDP是否实现了翻番或更高增长（这也意味着平均每年的增长率至少为2.9%）。此外，该研究将中等收入收敛成功定义为在2014年实际人均GDP达到至少10 000美元水平（按照2011年国际美元计算的购买力平价基准），高收入收敛成功需要达到至少20 000美元的标准。

在上述案例中，除了中国，中等收入收敛成功国家还包括印度尼西亚、秘鲁、泰国和乌拉圭。其中，乌拉圭的出现令人感到意外，这可能是大量高人力资本的阿根廷移民由于不满其政府严苛的反市场政策而涌入乌拉圭所致。哥斯达黎加接近此标准（从 1990 年起平均每年的增长率为 2.8%）。高收入收敛成功的经济体包括智利、爱尔兰、马来西亚、波兰、新加坡、韩国和中国台湾地区。中国香港地区接近此标准（从 1990 年起平均每年的增长率为 2.8%）。这些案例中的一些国家和地区——比如新加坡、爱尔兰和中国香港地区——位列世界上最富裕的经济体之中。

思考收敛的一个方式就是去探究这些经济体的什么特征构成了中等收入或高收入收敛成功的基础。比如对中国来说，1980 年前后的对外开放可能是最重要的原因。对于印度来说（虽然其达不到中等收入收敛成功的标准），从 20 世纪 80 年代中叶起部分放开了部分政府管制可能能够说明问题。但是这个方法并不能完全区别于我们在上文所用到的跨国增长收敛的方法。唯一的区别在于国家制度的一些基本转变可能会从质而非量的角度反映在 X 变量中。

另外，"中等收入陷阱"理论最近在世界银行乃至更广范围可谓甚嚣尘上。根据这个理论，从低收入到中等收入的成功转变可能伴随着向高收入转化的阻碍。巴罗教授并不认同这个观点，他认为从低收入到中等收入的成功转变是有难度的，但成功案例已经显示在中等收入和高收入收敛成功的案例中。特别地，这个转变需要 1990—2014 年实际人均 GDP 至少翻番，这也意味着持续 24 年的平均每年至少 2.9% 的增长率，其必然超过了经验的 2%。假如一国已经达到了中等收入水平，向高收入水平的转化需要将这一必然超过世界经验的经济增长区间延长另一个 24 年。虽然这是极具挑战性的，但是没有证据表明第二个转化（在已经实现第一个转化的基础上）要比第一个更有难度。在这个层面上，中等收入陷阱与低收入陷阱并无二致。

中国实际人均 GDP 的增长率从 1990 年开始有了显著的提高，明显高于在条件收敛框架中运用国际经验所预测的增长率。尽管一国的增长率可以在一段时间内高于或低于其预测值，但是包括中国在内的所有国家都不可能永远违背"收敛的铁律"。因此,中国人均 GDP 增长可能很快会从每年 8% 下降到 3%—4%。3%—4% 的经济增长率足以维持 20—30 年从低收入到中等收入的转变(中国已实现),也足以维持从中等收入到高收入的转变(中国很可能会实现)。因此,尽管这样的增长率低于以前的水平,也能实现伟大的成就。也许最大的挑战是,中国未来人均 GDP 增长率很可能会低于官方预测的 5%—6%。

接着,巴罗教授表示,中国近 20 年来人均寿命的提高、生育率水平的降低、开放程度的提高以及健全法律体系和社会秩序等都为人均 GDP 增速的提高做出了积极贡献。巴罗教授预测,2015—2020 年间中国的人均 GDP 增速在每年 4.7% 左右;2020 年之后,中国的人均 GDP 增速或将稳步下降至 2% 的世界长期平均水平。

之后,巴罗教授饶有兴致地回答了与会听众的提问。在回答经济增速长期收敛的理论原因时,巴罗教授系统回顾了经济增长的理论发展,并分别援引索洛增长模型、内生增长模型等重要文献中的理论为经济收敛的实证观察提供机制解释。关于当前全面深化改革对中国经济增速的影响,巴罗教授认为,各领域的深入改革使中国得以不断进步,更优质的教育、更完善的产权保护制度、更成熟的政治体制等一系列积极因素,能够有效助力中国的经济增长。在回答关于经济学专业学生的学术方向选择的问题时,巴罗教授指出各个职业、各个研究方向并无好坏之分,未来学术和职业方向的选择应取决于兴趣所在,他希望北大的学生能够从事自己真正热爱的事业,这也正是通向成功之路的重要保证。

广大与会学者和学生纷纷表示,巴罗教授的讲座带来了学术前沿的研究成果,报告内容丰富,具有很强的理论和现实意义,对于深入理解中国和世界经济形势具有十分重要的启示意义。学术讲座在热烈的掌声中落下帷幕。

【主讲人简介】

罗伯特·巴罗，现任哈佛大学保罗·沃伯格（Paul Warburg）讲席教授、斯坦福大学胡佛研究所高级研究员、美国企业研究所访问学者、美国国家经济研究局（National Bureau of Economic Research，NBER）研究员、顶级学术期刊《经济学季刊》（*Quarterly Journal of Economics*）联合主编，曾任西部经济学会主席、美国经济学会副主席，并曾于1998—2006年担任《商业周刊》（*Business Week*）专栏作家，于1991—1998年担任《华尔街日报》（*The Wall Street Journal*）特约主编，拥有加州理工学院理学学士学位和哈佛大学经济学博士学位。

巴罗教授在经济增长的决定因素、政府债务和预算赤字的经济影响以及宗教经济学等领域的重要研究影响深远，他目前正致力于研究罕见性灾难对资本市场及宏观经济运行（如环保政策制定、无风险资产数量、股票期权定价等）的影响。他的代表性论著包括《宏观经济学：现代观点》（*Macroeconomics: A Modern Approach*）、《经济增长》（*Economic Growth*）、《不再神圣的经济学》（*Nothing Is Sacred: Economic Ideas for The New Millennium*）、《经济增长的决定因素》（*Determinants of Economic Growth: A Cross-country Empirical Study*）、《自由社会中的市场和选择》（*Getting It Right: Markerts and Choices in A Free Society*）、《全球教育和现代化：从19世纪到21世纪》（*Education Matters: Global Schooling Gains from the 19th to the 21st Century*）。

与亚历山大·利泽里教授探讨公共政策与公共债务问题

镜头：亚历山大·利泽里教授与师生探讨公共政策与公共债务问题

> 题 记

  2018 年 10 月 24 日下午，北京大学高端学术讲学计划"名师论道：与亚历山大·利泽里教授探讨公共政策与公共债务问题"在经济学院东旭学术报告厅举行。活动由北京大学国际合作部、经济与管理学部主办，经济学院承办，资源、环境与产业经济学系协办，邀请了纽约大学经济系和斯特恩商学院讲席教授利泽里、北京大学新结构经济学研究院院长林毅夫、《经济研究》编辑部主任刘霞辉、《世界经济》编辑部主任孙杰等嘉宾，校内外二百余名师生参加。

学术演讲：选民偏好的时间不一致性与政府公共政策的制定

利泽里教授首先展示了他近期的研究成果，就"选民偏好的时间不一致性与政府公共政策的制定"这一议题进行了深入分析。该研究始于对行为经济学文献的回顾：该领域在近年来的进展对政府公共政策的研究起到了推动作用，该领域的许多贡献者认为，即使在公共政策的教科书式方案之外，比如在缺乏外部性、非公共物品领域和信息不对称的情况下，也可以通过"家长式态度"来证明某种形式的政府政策干预是合理的。针对这一现象，利泽里教授与合作者分析了经济政策如何对具有自我控制问题的代理人的政治诉求做出反应。利泽里教授指出，在行为经济学中，大量研究讨论了在消费－储蓄环境下的自我控制问题及其后果。例如一些学者认为当只依靠个人时，储蓄效率比较低下。为此，鼓励非流动资产的储蓄、各种形式的强迫性储蓄计划（包括公共养老金体系等）十分必要。近来一些研究认为存在自我控制问题的个人可能会累积过量的个人债务，比如信用卡大量欠款。上述研究建议对一些个体中介（如信用卡公司）施以限制。

这些研究在建立政策制定的模型时都隐含了依赖慈善政府的假设，而要更为深入地理解政府干预，需要构建一个更为细致描述决策制定过程的模型。政治经济和公共选择理论已经讨论了许多政府干预的传统领域，比如公共物品的提供，然而对于行为选民条件下政治激励的影响研究甚少。利泽里教授分析了在政府可能积累债务的消费－储蓄环境下，政治激励如何与存在自我控制问题的选民互相作用。总体来说，在选民有行为偏差的环境下，寻求选举成功的政治家可能会利用或纵容选民的行为扭曲。考察债务的政治诱因如何受选民自我控制问题的影响,对于理解政府政策对资本积累的影响效应至关重要。

为了研究上述问题,利泽里教授在标准的消费-储蓄模型中嵌入政治决定的政府转移。结果显示,均衡时同样会发生大量扭曲的政府政务累积问题。该模型为限制政府债务累积提供了新的理由。在一个政府政策内生的环境中,先前文献中提倡的政策,如促进非流动性资产等,可能产生适得其反的效果。

具体来看,利泽里教授研究了一个简单的三期模型。通过获取非流动性资产的方式,赋予代理人充足的承诺选择。代理人使用非流动性资产来约束他们未来的消费计划。该设定旨在确保即使没有政府干预,代理人也可以保证其承诺的消费途径。模型引入政府干预,允许政府候选人向选民提供赤字转移的承诺,但须遵守最高债务限制。当代理人受到自我控制问题的影响时,政府将积累债务以回应选民撤销承诺的意愿。但政府债务的存在使有经验的代理人有动力重新平衡其投资组合,以重建其承诺消费顺序。这助长了随后进一步增加债务的需求。对于适度的债务限额,在均衡中,候选人选择最大的债务,但选民可以通过事先重新平衡他们的投资组合来撤销这一债务选择——一个修正的李嘉图等价结果。然而,当债务上限很高时,庞大的政府债务会削弱个人的承诺能力。

即使债务积累造成扭曲(例如扭曲性税收),上述这种力量依然是存在的,前提是边际扭曲相对于决定性选民的现时偏见不够高。届时平衡债务仍然可能很高,导致总的扭曲水平偏高。然而,在向个人提供流动资产以撤销其先前承诺的背景下,上述恶性循环将不存在。在私人信贷行为中,个人的第一期选择会影响其第二期选择;相反,在有政府债务的情况下,缺乏个人第一期选择与第二期集体行动之间的上述联系。因为债务由未来的集体选择决定,先前的个人投资组合决定对后续债务没有影响。因此,利泽里教授的研究提供了新的平衡预算规则的基本原理。

利泽里教授的研究还表明,在相当温和的条件下,如果代理人没有获得非流动性资产的机会，将导致其没有能力承诺以后的消费，那么对应于所有个体而言福利是最高的。这是由于在均衡状态下没有政府债务积累。当然，对于任何固定水平的政府债务，这些代理人的第一阶段境况会更糟，因为他们无法承诺。效率低下的原因是第一期对非流动资产的需求与第二期对债务融资转移的需求之间的反馈。不同于之前文献建议促进储蓄能产生有益的政策效果，利泽里教授的研究提供了不同的政策建议解释。

总体上来看，利泽里教授研究了当选民偏好时间不一致时政府财政政策的决定过程。研究结果表明，在没有扭曲的情况下，只要债务限额足够低，非流动性资产的可用性就会使债务与最终消费水平无关，因为代理人可以通过事先适当配置流动性资产和非流动性资产来调整可预见的债务收入。当债务上限很高时，代理人的承诺能力就会受损。也就是说，在选举中负责任的政治家最终会选择那些在个人承诺之前就干预个人意愿的政策。当债务被扭曲时，这些影响会加重，因为债务会导致财富的有效损失。事实上，利泽里教授的研究证明了集体行动可能会放大个人的自我控制问题，从而导致政府债务增加，相对于一个没有任何承诺能力和债务的世界，以上问题可能会造成很大福利损失。该研究强调了政治过程分析对于考虑旨在提高行为选民福利的政策的重要性。

圆桌讨论：全球公共债务问题

全球债务正处于历史高位，公共债务积累是导致这一现象的重要原因之一。公共债务剧增对于全球各国而言都是巨大的挑战。迄今为止，几乎所有国家都缺乏理想的办法来应对这个棘手的问题。在活动的圆桌讨论环节，利泽里教授与林毅夫教授、刘霞辉研究员、孙杰研究员以及经济学院的平新乔、章政、王大树、张辉、曹和平教授等众多嘉宾，围绕全球公共债务问题展开了深入讨论。

利泽里教授首先从现实角度对全球公共债务提出了建议。利泽里教授指出，当他在意大利读本科时，当时的意大利政府就已经深受债务问题的困扰。尤其是养老金支出的不断增长使得意大利的公共债务负担日益加重。近年来，意大利的公共债务已经达到了一个极高的水平。尽管意大利政府一直致力于减轻政府债务，并与欧盟持续积极商讨解决方案，但仍未能取得令人满意的效果。和意大利一样，美国也是一个深受公共债务问题困扰的国家，其突出表现是政府债务剧增以及养老金支出快速扩张。遗憾的是，美国在现阶段仍然未能很好地解决这一问题，其所做的工作充其量也只是尽量不使公共债务问题进一步恶化。从学术研究的角度看，经济学家们对于公共债务问题产生的原因以及相应的解决方案远没有达成共识。尤其是20世纪六七十年代以来，各国政府的债务规模迅速扩大，发债原因及用途也日趋多样。上述现象给公共债务的学术研究提出了新的挑战。而现有的各种经济学模型往往只能解释债务问题的一部分，需要学者对各种模型进行整合与拓展，在此基础上才能为解决现实中的公共债务问题提供更好的决策指导。

越来越多的国家通过制定财政规则来对政府债务和（或）财政赤字的上限施加限制。美国多个州也制定了类似的财政规则。然而，这些财政规则对于应对公共债务剧增问题来说杯水车薪。利泽里教授进一步指出"政府总负债"包含"政府债务"和"特定群体应享权利"，其中养老金和医疗保健是特定群体应享权利的最主要组成部分。在一个两党轮流执政的西方国家，现任政府会利用政府债务和特定群体应享权利这两个工具来为自己以及支持者进行转移支付。政府债务是现任政府通过提前消费未来资源实现"寅吃卯粮"的举措，而特定群体应享权利则是现任政府提前把未来资源锁定给某些特定群体的举措。

现有的财政规则并没有对特定群体应享权利等政府的支出性负债进行限定。而特定群体应享权利又是当前决定西方国家财政可持续性的最重要因素。

因此，由于金融市场摩擦的存在，现有的财政规则尽管能够限制政府债务，却又陷入了"按下葫芦浮起瓢"的困境。换句话说，现有的财政规则有助于抑制政府债务的增加，却带来了特定群体应享权利的大量增加。因而，政府财政规则中一个意想不到的后果反而是政府总负债的持续攀升。基于同样的逻辑，利泽里教授认为，如果财政规则仅仅对特定群体应享权利进行限制而未对政府债务设限，其结果也是政府总负债的持续攀升。最后，利泽里教授进一步认为，西方国家中选民偏好的极化以及社会的割裂可能是导致政府债务和特定群体应享权利两者同时大幅增加的最主要原因。

林毅夫教授认为，自2008年金融危机以来，公共债务问题已经成为最重要的问题之一，几乎每一个国家都会通过增加公共债务来刺激经济增长。对于债务问题，他认为重点要关注以下三个方面：首先，债务的发行货币很重要，债务是用本币还是外币发行会直接影响到债务问题的严重性。例如西班牙、希腊等发生债务危机的国家使用欧元发债，欧洲央行不能直接影响该国的发债，而英国债务水平比上述国家更高，但由于使用英镑发债，政府可以从央行借款，因此并没有发生债务危机。其次，从资产负债表的角度看，政府不仅仅要关注债务水平，更需要关注债务的使用结构。如果债务优先用于基础设施投资等能够形成未来经济增长点的领域，对于国民经济发展是有利的。最后，从新结构经济学的视角看，研究债务问题要考虑国家间发展阶段的不同，区分高收入国家和低收入国家的债务特征。以基础设施投资为例，高收入国家的基础设施以修补性建设为主，不会产生很大的生产力，但在低收入国家，基础设施投资的带动作用则十分明显。

《经济研究》编辑部主任刘霞辉指出，中国的债务问题具有特殊性，主要是由中国特殊的财税体制决定的。在三级财政架构下，中央政府债务最低，省级政府次之，地级市政府的债务相对较高。如果简要划分中央和地方两个层级，可以发现中央政府大部分年份是财政盈余，地方财政赤字较多。从区域结构看，东部沿海城市财政略有盈余，中西部城市以赤字为主。现阶段，中国的债务水平总体可控，但是公共预算的管理也需要进一步提升。一方面，实行分税制以来各级政府的事权和财权不匹配；而另一方面，在资源相对集中的背景下，不同层级的权力间也可能出现委托代理问题。现阶段这方面的定量研究比较缺少，希望年轻学者予以关注。

北京大学经济学院学术委员会主席平新乔教授认为，谈及公共债务问题可以回溯到李嘉图等价定理，即具有前瞻性的消费者完全预见到了政府债务所隐含的未来税收，从而政府现在借贷并在未来增税以偿还债务与现在增税对经济有同样的效应。但这一古典理论存在两个重大缺陷：一是只考虑政府的财政赤字对居民消费的影响，没有考虑政府发债如何使用的问题，实际上财政支出也不是完全中性的；二是这个定理假定生产部门、消费者同质，而实际上不同人群的消费率、储蓄率不一样，即使公共债务只用于消费，其对不同人群的影响也不尽相同。而前一段时间中国人民银行和财政部互相批评，实际上反映出中央和地方的财政关系问题。尤其是"营改增"后，地方损失了营业税这一税收来源，房地产调控也影响到政府的土地财政，因此中央和地方的财政关系问题需要重新设计，这也是研究需要关注的重点。

《世界经济》编辑部主任孙杰首先高度评价了利泽里教授2016年发表的对债务问题的研究成果，认为这一研究为公共债务问题提供了一个很好的理论框架，具有很强的解释力。接着，他发表了对公共债务问题的两个看法：首先，社会各界一般关注债务水平，但债务的增长率更应被重视。债务可能源于经济增长，但其增长率不应超过经济增速，一般年均3%—5%比较合适。其次，需要注意政府发债的原因，如果发债是为促进经济增长则较为可取。除政府债务之外，还应关注家庭债务和企业债务。利泽里教授和林毅夫教授都对此进行了回应。

北京大学继续教育学院院长章政教授从经济现象、经济联系和基本结构三个方面对公共债务问题进行了解读：从经济现象看，一个国家的公共预算总是在不断增加，政府预算往往是软约束；从经济联系看，公共债务之所以持续增加，主要是由于政府需要完成多个目标以维持自身统治地位；从基本结构看，政府借债主要用于短期消费、支付和长期支出，因此会产生结构问题。对于企业债务来说同样存在结构性问题。

北京大学经济学院王大树教授从近忧和远虑两个角度分析了中国的公共债务问题。从中国的债务现状看，现阶段国内整体财政赤字很小，且发债多的地方经济发展条件也一般较好，因此短期内债务问题并不十分严重；但从长期看，政府债务中隐性债务最应被关注，越到基层隐性债务的问题越严重。与此同时，西方国家的财政赤字是积累了上百年形成的问题，而中国的债务问题从20世纪90年代才开始逐渐积累，这也是需要关注的角度。

北京大学经济学院副院长张辉教授从人口、区域结构和国家发展阶段三个角度对此进行了分析。从人口角度看，东亚国家人口波动较大，对于养老金等债务的稳定性带来很大冲击，而美国的人口增速相对平缓，有利于债务平滑；从区域结构看，东部地区政府债务投资于基础设施具有很强的正效益，但在中西部地区并不明显，2015年以来沿海发达城市债务水平处于高位，但由于中国区域空间较大，债务问题可以通过区域调节走向均衡；从国家发展阶段看，中国当前的发展阶段相当于日本20世纪六七十年代，当时的日本迎来了经济发展的黄金周期。而债务问题与经济周期密切相关，因此研究中国的债务问题也需要密切关注经济周期的走势。

北京大学经济学院曹和平教授就中国政府债务是否会引发经济风险这一问题进行了分析。根据他的研究，从总量上看中国债务与美国相比相对较低，影响经济发展的可能性不大，但中国的企业债比例偏高，刚性兑付有可能会带来金融风险。而前段时期财政部与中国人民银行的争论，实际上反映了金融风险在两部门之间的转移。而在债务效益的问题上，他赞同其他专家的观点，认为债务的使用结构很重要，是需要重点关注的话题。

此次活动中，各位专家围绕公共债务问题的成因与相关对策进行了深入的交流和讨论，对于理解全球公共债务问题提供了丰富的框架和视角，也为国内公共债务问题的相关研究与实际问题的解决提供了理论借鉴和现实指引。

讲座后教师合影

【主讲人简介】

亚历山大·利泽里，纽约大学经济系和斯特恩商学院讲席教授、纽约大学经济系主任（2011—2016）、世界计量经济学会院士、全球顶尖经济学刊物《计量经济学杂志》联合主编（2018年7月至今）、全球顶尖经济学刊物《美国经济评论》联合主编（2008—2011）、世界一流经济学刊物《经济理论杂志》主编（2005—2008）。曾任2016年弗里希奖（The Frisch Medal）三人评审小组成员。

埃内斯托·达尔贝奥教授的政治经济学研究

镜头：埃内斯托·达尔贝奥教授与师生围绕政治经济学研究展开讨论

> **题 记**
>
> 应北京大学经济学院资源、环境与产业经济学系邀请，加州伯克利大学哈斯商学院和政治系双聘讲席教授埃内斯托·达尔贝奥于2017年11月26日至12月1日专程访问北京大学经济学院并进行学术讲座和交流，是为北京大学经济学院105周年院庆系列活动之一。在本次活动中，埃内斯托·达尔贝奥教授与师生就官员选拔方式的有效性、物质激励对于提高公务员岗位吸引力的实际作用、公共政策设计及其实施的科学性和有效性、国家安全和经济繁荣的非制度性根源等内容展开讨论。

谁会成为政治家：
关于个人能力与群众代表性的实证研究

通过投票是否有可能选拔出既有工作能力又有社会代表性的领导者？对于这一问题，传统的经济学模型表明：搭便车的激励机制和较低的机会成本使得低能力的候选人在参选时存在比较优势。同时，如果精英拥有更多的人力资本，依据能力进行选拔的机制也会导致候选人代表性的不平衡。为了对这些理论假说进行验证，达尔贝奥教授和合作者研究了瑞典的市政官员与国会议员的政治选拔模式，利用包含全体人口的能力特征和社会背景在内的详尽数据进行实证分析，发现了四个有关"包容性精英体制"（inclusive meritocracy）的事实：第一，就平均意义而言，政治家的能力与其所代表的选民相比更加突出，这表明政治选拔具有正向的选择效应；第二，即使不考虑政治家的家庭和社会背景，这种正向的选择效应也依然存在，政治家的个人能力而非家庭出身是其得到选拔的关键要素；第三，政治家的社会背景，无论用父母收入还是用职业社会阶层来衡量，总体都非常平均；第四，在政治家能力与社会代表性之间最多只有一个弱的权衡，这主要是家庭社会经济地位较低的政治家强烈的正向选择效应导致的。以上这些事实表明，投票有可能选拔出既有能力又有社会代表性的领导者。

人类古代文明的悖论：
国家安全和经济繁荣的非制度性根源

文明的兴起带来了经济繁荣，针对如何保护这些经济成果的国家安全问题也随之而来。然而，如果既要实现经济繁荣又要保障国家安全，就必须克服文明的悖论——经济繁荣会吸引外部的掠夺者，使得国家的不安全感提升，从而阻碍用于继续创造繁荣的投资。达尔贝奥教授和合作者在已有的人类学和历史学文献基础上，构建了关于文明起源的理论模型，具体研究了人类在文明发展道路上面临的上述取舍问题。模型的一个重要特点是强调非制度化因素的影响，例如自然地理环境对社会生产力和国家防御能力的作用，而保卫文明的解决方案依赖于自然或人为的高防御能力。模型的结果表明，当防御能力外生时，较高的初始生产力和产生繁荣的投资会加剧冲突；但当防御能力内生时，安全与繁荣在一定条件下可以同时出现。某些经济冲击和军事创新带来了安全与繁荣，例如古埃及文明和苏美尔文明的兴起，而另一些冲击则使得社会重新陷入冲突和停滞的陷阱，例如青铜时代末期的文明崩溃。在评论阶段，北京大学经济学院资源、环境与产业经济学系主任张鹏飞教授对达尔贝奥教授的讲座给予了高度评价，并就其所构建模型的具体设定及改进方向等方面给出了建议。

提升国家能力：论物质激励在公共服务供给中的作用

基于对墨西哥提升国家能力的实践案例分析，达尔贝奥教授探讨了物质激励在公共服务供给中的作用。2011年，墨西哥启动区域发展计划，用以提升167个地区的政府能力。该计划的一项重要内容是招募350个社区发展的代理人。政府部门在招聘网站上随机发布不同的薪资，申请者随后会接受考查智力、个性和应聘动机的测试，筛选结束后由政府部门随机分配工作机会。这一自然实验为评估以下问题提供了良好的参照经验：薪资激励对吸引更多和更合格的申请人所发挥的作用；政府部门所面临的劳动力供给的弹性；工作地距离、市政环境吸引力等工作属性对于填补公共部门岗位空缺的作用，以及工资在缺乏吸引力的公共服务岗位进行人员招募时所发挥的作用。在建立规范的理论模型基础上，达尔贝奥教授和合作者的论文对以上问题进行了实证研究。结果表明：更高的工资能够吸引更多有能力的申请者；无论能力是以智商、性格还是以对公共部门工作的倾向来衡量，结果都十分一致。这也表明没有证据反映出申请人对公共部门工作的动机存在逆向选择效应。较高的工资水平也提高了申请人接受工作的概率，测度的结果表明劳动力供给弹性数值在2左右。此外，城市的距离越远，发展越落后，则申请者接受工作的概率越低，但较高的工资有助于缩小落后城市与发达城市间的招聘差距。

低估改革效果：为何选民会支持无效的政策

已有的政治经济学文献大多会就低效的公共政策以及决策者施行不良政策的动机提出指责，但选民本身也可能需要为糟糕的政策承担部分责任。在达尔贝奥教授的论文中，假定选民在评估政策的潜在影响时存在系统性的偏差，理由是他们倾向于低估新政策最终所导致的新均衡。选民会偏向于创造直接利益的政策，即使这些政策会因为人们调整行为而最终降低选民的福利水平。反过来说，即使选举产生较大的间接效益，选民也会对政策所带来的直接成本产生偏见。为了研究这一问题，达尔贝奥教授和合作者进行了实验，结果发现：大多数受试者会投票反对初始时产生负面效果的政策，即使这些政策在之后能帮助受试者克服囚徒困境、实现福利增加；相反，大部分受试者会支持产生直接利益的政策，即使这些利益会在随后带来囚徒困境、最终损害福利。在机制解释上，达尔贝奥教授和合作者认为：由于大部分受试者未能充分预见新政策的均衡效应，因而会出现这两种错误。更确切地说，大部分受试者系统地低估了政策变化对其他人行为的影响程度，而这些错误的信念直接导致了对不良政策的需求。

来访期间，达尔贝奥教授围绕他近年来所研究的一系列实验经济学和政治经济学问题开展了讲座和交流，其中包括官员选拔方式的有效性、物质激励对于提高公务员岗位吸引力的实际作用、公共政策设计及其实施的科学性和有效性、国家安全和经济繁荣的非制度性根源等，这些研究发表在经济学顶级刊物《经济学季刊》《经济研究评论》上。

【主讲人简介】

埃内斯托·达尔贝奥，加州伯克利大学哈斯商学院和政治系双聘讲席教授、伯克利经济学和政治学研究中心（BCEP）创始主任、美国国家经济研究局（NBER）研究员、国际增长中心（IGC）研究员、全球顶尖经济学刊物《经济计量学》副主编。其研究方向主要为政治经济学，学术成果大多发表在全球顶尖经济学顶级刊物和全球顶尖政治学刊物上。

克耶蒂尔·斯多尔斯莱登教授的中国经济问题研究

镜头：克耶蒂尔·斯多尔斯莱登教授就中国经济问题研究开展讲座

题记

应北京大学经济学院资源、环境与产业经济学系邀请，挪威奥斯陆大学（University of Oslo）经济学系教授、欧洲经济学会副会长克耶蒂尔·斯多尔斯莱登于2017年10月18—21日访问北京大学经济学院并开展学术交流和讲座，是为北京大学经济学院105周年院庆重要学术活动之一。来访期间，斯多尔斯莱登教授围绕"进入壁垒和中国的区域经济增长"（Barriers to Entry and Regional Economic Growth in China）、"代际分享高速增长：中国的养老体制和人口转型"（Sharing High Growth Across Generations: Pensions and Demographic Transition in China）、"中国式波动：结构转型中的商业周期"（Fluctuating like China: Business Cycles during Structural Change）、"从模仿到创新：中国的研发去哪儿了"（From Imitation to Innovation: Where is All that Chinese R&D Going?）等主题进行了四次讲座。

进入壁垒和中国的区域经济增长

非国有企业的发展和壮大是中国改革开放进程中拉动经济增长的主要原因之一。研究数据表明，中国非国有企业的劳动生产率、工资和企业规模在地区之间存在很大差异。1978—1995 年间，中国地级市层面的非国有企业经济绩效在地区之间的差距呈现出扩大趋势；1995 年之后，上述差距逐渐缩小，且呈现出收敛的趋势。研究进一步发现，不同地区的非国有企业表现出显著的不同：在中国地级市中，国有企业占比越高、非国有部门规模越小，则进入该地区的非国有企业就会越少，新进入非国有企业的工资、全要素生产率、劳动生产率和人均资本水平也会更低。考虑到产出和资本层面的扭曲无法成功解释上述现象，斯多尔斯莱登教授在 Hopenhayn（1992）的基础上构建起包含企业进入壁垒（entry wedge）的模型，并运用工业调查的数据进行了校准，结果发现：企业进入壁垒的地区差距以及进入壁垒在 1995 年之后的快速下降能够很好地解释 1995—2004 年间及 2004—2008 年间非国有企业工资和全要素生产率在地区差距的变化趋势。

代际分享高速增长：中国的养老体制和人口转型

近年来，代际不平等问题逐渐成为研究热点：一方面，新兴经济体的代际不平等问题更加突出；另一方面，包括养老金在内的社会保障制度可以有效地改善这一情况。然而，随着老龄化进程的加快，养老保险制度面临入不敷出的风险，中国现行的养老金制度是否需要改革以及改革的方向等问题引起了热烈且广泛的讨论。为此，斯多尔斯莱登教授使用经过中国数据校准后的多期世代交叠模型（OLG），来评估中国在内的新兴经济体中不同的养老保险制度所带来的福利效应。模型结论表明：中国现行的养老金制度需要进行重大调整，但推迟到2050年进行的话改革与调整的成本最小；在较高的预期工资增长率和低利率的条件下，现收现付制（PAYGO）对于代际再分配的调节较为有效，能够达到理论最优情形的50%；尽管完全积累制（fully funded）下的税收负担最低，但它并没有考虑代际的重新分配问题；在无法满足有效储蓄，并且养老基金没有良好投资途径的情况下，完全积累制和没有养老金没有差异。

中国式波动：结构转型中的商业周期

通过对比中美两国的商业周期和结构转型，斯多尔斯莱登教授指出两国商业周期呈现出不同的特点：（1）在加总就业波动上，中国不具有周期特性，美国具有顺周期特性；（2）中美两国非农就业波动都具有高度顺周期特性；（3）在农业就业波动上，中国具有逆周期特性，美国不具有周期特性；（4）关于劳动力在农业部门和非农部门的重新配置，中国表现为强烈的负相关，美国呈现零相关。美国的经验事实代表了发达国家的一般情形，而中国的情况是否只是个例？斯多尔斯莱登教授和合作者通过对177个国家的数据进行分析发现，中美之间的差异主要是由农业部门的就业造成的。农业就业比重越高的国家，总就业和GDP的相关性越低，农业部门和非农业部门就业的负向关系越强，农业部门就业和非农部门劳动生产率的负向关系越强，农业部门就业和非农部门劳动生产率的正向关系也越强。在这一经验事实的基础上，论文对商业周期和结构转型两大理论进行整合，并用中国的结构转型数据进行校准，发现模型能够较好地拟合中国商业周期的特点。论文还进一步预测随着生产率的增长，中国商业周期的特征将与美国趋同。

从模仿到创新：中国的研发去哪儿了

自 1999 年以来，中国大陆地区开始加大在研发（R&D）上的投入，2006 年之后投入强度进一步加大。在此背景下，斯多尔斯莱登教授重点研究了中国 R&D 投入的配置是否有效、R&D 投入的错配会带来多大程度的效率损失等问题。在对中国大陆和中国台湾地区的企业 R&D 投入进行经验事实总结的基础上，斯多尔斯莱登教授将技术收敛、资源错配、企业生产率动态变化、R&D 投入与政策分析等方面的理论相结合，构建起一个统一的、含有内生的生产率动态变化机制的资源错配理论。进一步地，斯多尔斯莱登教授将中国台湾地区作为基准并对中国大陆进行预测，发现预测的结果与现实不符：预测的中国大陆 R&D 企业增长更快，并且中国大陆 R&D 带来的全要素生产率的提升效果会更加显著。在考虑到中国大陆 R&D 经费的过度扩张、创新型人才的稀缺和道德风险等 R&D 投入错配的因素后，重新估计后的模型具有良好的拟合效果。重新估计结果表明：如果去除 R&D 投入中的上述错配因素，中国大陆的全要素生产率增速可以增加 0.8 个百分点（依据中国大陆企业重新估计后的研发成本均值）和 1.4 个百分点（依据中国台湾地区企业的研发成本）。

【主讲人简介】

克耶蒂尔·斯多尔斯莱登，挪威奥斯陆大学经济学系教授、欧洲经济协会副会长、世界计量经济学会院士、《经济研究评论》编委会主席（2013—2017）。论文《中国式增长》（Growing Like China）获第 15 届孙冶方经济科学奖。斯多尔斯莱登教授在宏观经济学界有着巨大的影响力，他对中国经济问题有浓厚的兴趣和热情，并在国际顶级经济学期刊上发表过一系列探讨中国经济问题的论文。

"国际网络课堂"
系列讲座

2020年,突如其来的新冠肺炎疫情席卷全球,为各国高校的教学、科研和国际交流带来了前所未有的冲击与挑战。为积极推动疫情期间国际课堂与国际讲座的顺利开展,北京大学经济学院以线上方式搭建了国际化网络课程平台,设立"国际网络课堂"系列讲座,以拉近学院师生与国际研究前沿的距离,推动学科发展和国际化建设。在2020年,"国际网络课堂"系列讲座邀请到包括美国经济理论发展学会主席兼明尼苏达大学经济系教授蒂姆·基欧(Timothy Kehoe)、威斯康星大学麦迪逊分校商学院和经济系联席教授兰德尔·莱特(Randall Wright)、庆应大学名誉教授兼小泉纯一郎内阁经济财政大臣及邮政改革大臣竹中平藏、伦敦政治经济学院终身教授兼英国皇家史学会终身院士邓钢等学者开设系列讲座。

"国际网络课堂"系列讲座旨在利用远程方式开展各类引智项目,聚焦学科热点与前沿问题,通过多平台方式进一步提供学生与世界一流学者之间的交流途径,营造良好的国际化培养氛围,以网络时代特有的方式培养具有全球视野的优秀复合型经济人才。

蒂姆·基欧教授主讲"国际贸易"课程

镜头：蒂姆·基欧教授以线上方式开设"国际贸易"课程

> 题 记

2020年8月19—26日，受北京大学经济学院邀请，美国经济理论发展学会（Society for the Advancement of Economic Theory）主席、明尼阿波利斯联邦储备银行（Federal Reserve Bank of Minneapolis）顾问、明尼苏达大学经济系教授蒂姆·基欧在北京大学经济学院开设了"国际贸易"暑期课程。课程共设置四次线上讲座，内容覆盖国际贸易理论的四大主要模型。课程受到北京大学"海外名家讲学计划"的资助，由北京大学经济学院助理教授李博老师主持，来自北京大学、清华大学、中央财经大学、加利福尼亚大学圣克鲁兹分校等国内外50名同学和老师参加了此次课程。

随着全球各国的贸易自由化大趋势，国际贸易形势日新月异。一系列事件不断对既有国际贸易理论模型发出挑战——新贸易理论模型为何无法准确预测北美自由贸易协议（NAFTA）带来的北美贸易增长及其在部门间的分配？为何无法解释经历了贸易自由化后地区生产率的提高？为何无法解释小规模出口商品的公司在自由化后大幅提高其出口量？

新贸易理论的模型发展于20世纪80年代，能够成功解释具有相同要素禀赋与技术的国家间的大规模贸易，及贸易中占主要地位的产业内贸易。但是新贸易理论的主要局限是，其分析视角是从国家或产业层面入手的，其模型中的企业是同质的、无差异的，无法解释国际贸易中更为微观层面上的许多现象，比如我们观察到的为什么同一产业内有的企业从事出口，而其他企业却仅仅涉足于国内市场等问题。现实中，一个行业内的企业是有差异的，无论从规模大小、组织结构、产品质量、员工技能以及生产率等，都存在巨大差异，这一特征被称为企业的异质性；同时，贸易对资源在不同企业间的配置和行业生产率的变动会产生重要影响。因此更前沿的贸易模型构建了一个动态的包含企业异质性的模型，能够解释高生产率的企业与出口地位的因果性以及行业内份额再配置和总生产率提高的现象。最后，蒂姆·基欧教授基于既有模型在解释贸易自由化的影响中的失败，通过比较国际贸易的理论研究者与实证研究者的生产率概念，进一步解释了贸易对经济增长的影响。

连续商品的李嘉图模型

工业革命为经济增长带来了振奋人心的大变革，且此进程从未停止，而工业革命与全球化紧密相关，因此国际贸易应当是经济学研究的重要主题。

李嘉图模型由大卫·李嘉图为支持自由贸易而建立。作为经济学史上首个正式模型，它将各国技术差异作为国际贸易产生的原因。从连续商品的李嘉图模型入手，我们可以假设经济体存在两个国家和一个连续统一（$z \in [0,1]$）的商品集，生产函数设定如下：

$$y_j(z) = l_i(z) / a_j(z)$$
$$a_1(z) = e^{az}$$
$$a_2(z) = e^{a(1-z)}$$

其中，z 为连续商品的指标，l 是劳动力，a 表示生产率，下标 j 代表国家，假设两个国家的劳动力禀赋相同但生产率存在差异。代表性消费者的效用函数为：

$$\int_0^1 \log c_j = (z) \mathrm{d}z$$

通过一般均衡求解发现，由于生产率的差异，各国生产并出口各自生产率较高的商品，分别占据 1/2 的市场，图 1 描述了生产贸易和专业化的模式；而在非对称的情况下，如果国家 1 具有生产所有商品的绝对优势，则国家 2 的工资必然下调，使得国家 2 具有部分比较优势。因而，李嘉图模型推翻了过去贸易理论的绝对优势理论，强调了比较优势在贸易中的决定性作用。

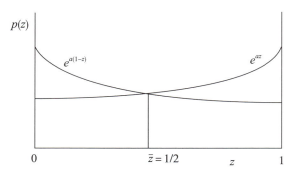

图 1　李嘉图模型中两国的生产、贸易和专业化

如果将关税引入模型，我们可以发现某些在一国生产成本更低的商品，受到关税的抑制无法出口，因而成为非贸易商品。故两国各自生产自己的非贸易商品。图 2 展示了存在关税下两国生产和贸易的情形，由于关税的引入提高了两国出口到对方国家的商品价格，在 $z\in[\bar{z},1-\bar{z}]$ 区间内的商品无法通过进口获得，只能由本国自行生产，相较无关税的情形存在福利损失。

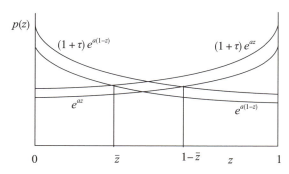

图 2　存在关税条件下的两国的生产、贸易和专业化

垄断竞争模型

基于本次课程的基础模型——连续商品的李嘉图模型，垄断竞争模型将各国技术差异作为国际贸易产生的原因，推翻了过去的绝对优势理论，强调

了比较优势在贸易中的决定性作用。我们可以在这个基础上进一步引入国际贸易理论中的垄断竞争模型，我们先从模型入手，再来看经济学直觉。消费者的效用函数变为：

$$\log c_0 + 1/\rho \log \left(\sum_{j=1}^{n} c_j^\rho\right)$$

效用函数符合 CES 加总，因此具有多样性偏好，即消费品种类越大，消费者获得的效用更多。厂商的生产函数变为：

$$y_j = 1/b \ max[l_j - f, 0]$$

此时的生产函数表明厂商存在固定成本，且规模报酬是递增的。应用到国际贸易中，各国专业化大规模生产具有某一方面差异的同种产品并进行贸易，既利用了规模经济性获得比较优势，又满足了消费者对差异产品的需求。通过在消费者对多样性的偏好和企业生产具有规模报酬递增性质之间的权衡，该模型成功地解释了美国与加拿大这类相似国家之间的大规模贸易。

具有企业异质性的垄断竞争模型

相较于早期的垄断竞争模型，考虑企业异质性的垄断竞争模型将不同企业的生产率差异纳入考虑，生产率高于某一临界值的企业可以在长期中获利。将企业异质性垄断竞争模型应用于国际贸易问题时，模型存在两条临界线，即生产国内商品的临界线与出口商品的临界线。基本结论有：（1）固定成本的存在使得部分企业的产品可以出口，部分企业的产品不能出口，由企业的生产率决定。（2）开放贸易使得低生产率水平的企业退出生产，总的平均生产率水平提升；产品不能出口的企业产出和利润下降，而最高生产率的企业产出和利润提升；消费者可消费的产品种类上升，进而福利上升。（3）贸易自由化使得平均的生产率提高、最有效率的企业获益更多以及福利增加。考虑企业异质性的垄断竞争模型在理论上取得了突破，它是有关异质性企业的动态模型，结合不完全竞争和规模报酬递增假设，引入了沉没成本，进一步解释了产业内贸易的问题。同时，该模型回答了以往模型不能解释的现实，解释了高生产率企业与出口地位的因果性以及小规模出口商品的公司在自由化后大幅提高其出口量、行业内份额再配置和总生产率提高的现象，得到与微观证据一样的结果。

动态赫克歇尔－俄林模型及其发展

从传统的赫克歇尔－俄林理论出发，在两国技术水平相等的前提下，产生比较成本的差异有两个原因：一是两国间的要素充裕度不同，二是商品生产的要素密集度不同。各国应该集中生产并出口那些充分利用本国充裕要素的产品，以换取那些密集使用其稀缺要素的产品。这样的贸易模式使参与国的福利都得到了改善。在动态赫克歇尔－俄林模型中，一国 GDP 与世界平均 GDP 水平的关系受到一国初始 GDP 与世界平均 GDP 初始水平的影响，因此国家间并没有呈现出收敛趋势。这主要是由于自由贸易使得国外资本大量涌入，降低了国内的投资激励。

【主讲人简介】

蒂姆·基欧，明尼苏达大学经济系教授。1975 年，蒂姆·基欧获得普维敦斯学院经济学和数学学士学位，1979 年获得耶鲁大学博士学位。蒂姆·基欧教授曾在卫斯理大学、麻省理工学院和剑桥大学任教，同时是明尼阿波利斯联邦储备银行的顾问。他的研究和教学专注于一般均衡模型的理论和应用，主要研究方向为宏观经济学和国际贸易。蒂姆·基欧教授在《美国经济评论》《计量经济学杂志》《经济研究评论》等顶级期刊发表了120多篇文章和著作。1991年,蒂姆·基欧教授当选世界计量经济学会会员,2015—2018年当选动态经济学会主席,2019年当选经济理论发展学会主席。

兰德尔·莱特教授主讲"货币、信用、支付和金融市场前沿理论"国际系列课程

镜头：兰德尔·莱特教授讲授"货币、信用、支付和金融市场前沿理论"国际系列课程

> **题 记**

2020年9月9—17日，北京大学经济学院"货币、信用、支付和金融市场前沿理论"国际系列课程在线上顺利举行。威斯康星大学麦迪逊分校商学院和经济系联席教授、圣路易斯联储、明尼阿波利斯联储研究顾问兰德尔·莱特在线上开设了四次讲座。在本次活动中，兰德尔·莱特教授从新货币主义学派的角度出发，为同学们讲授了货币、信用、银行、失业等货币经济学的几大热门研究议题。

兰德尔·莱特教授首先综述了新货币主义理论的特征以及该理论和其他货币理论的区别。在宏观经济研究越来越强调微观基础的过程中，产生了新凯恩斯主义和新货币主义理论，而两者分别重视不同的基本摩擦——相对于新凯恩斯主义以名义价格黏性为基本摩擦，新货币主义主要关注交易中的不完全承诺、信息问题以及搜寻中遇到的协调失灵等摩擦——并以此为基础进行宏观理论、实证和政策分析。新凯恩斯主义模型（New Keynesian Economic Models）无法很好地刻画"交换"这个环节，进而提出需要通过引入摩擦的新货币主义模型来研究宏观经济，而两个学派自然得到了不同的应用。接下来，莱特教授具体讲述了新货币主义的三代模型，详细内容如下。

第一代新货币主义模型

第一代新货币主义模型（以下简称"第一代模型"）是新货币主义研究的基础和基石，也是莱特教授的重点讲述对象。首先，莱特教授陈述了第一代模型需要的市场环境和市场摩擦。在第一代模型中，由于信用的不完全性，模型内生地引入了货币来增进社会福利，指出货币的存在需要满足两个条件：（1）存在不完全承诺；（2）存在不完全信息。第一代模型中商品和货币均不可分，是对 Diamond（1982）的拓展。虽然这些模型高度抽象，但是它们提供了买方卖方双边交易的理想平台。

其次，莱特教授阐述了第一代模型的具体设定：时间是连续的，经济中有无穷多个寿命无限的理性人,理性人的总测度为1。每个人遇到另一个人的泊松抵达率为 α。商品不可储存,交易时生产商品的成本为 c（ >0 ）。每个人的偏好和商品具有异质性。假设两个人 i、j 相遇,他们之间有 δ 的概率喜欢对方的商品,这种情况称为双重巧合;有 σ 的概率 i 喜欢 j 的商品但 j 不喜欢 i 的商品,这种情况称为单重巧合。单重巧合和双重巧合的概念1875年被引入经济学,但其思想早就存在于人类社会了。人们消费喜欢的商品会带来 $u>c$ 的效用。双重巧合中人们进行物物交易,但单重巧合中物物交易行不通,需要某种支付机制促进交易的发生。

莱特教授在阐述货币这种机制前,先介绍了以物易物和信用机制。首先是以物易物（barter）。这种情况下理性人的价值函数为 $rV^B=a\delta(u-c)$。其中,r 为时间偏好,价值函数由交易对象的抵达率 a、交易概率 δ 和每次交易的获益 $u-c$ 决定。以物易物显然比不交易（autarky）好,即 $V^B>V^A=0$,接下来是信用（credit）支付机制。假设经济中的信用机制是完美的,每个人都会遵守承诺（这个假设将在接下来放松）,那么所有的单重巧合都会发生交易。理性人的价值函数为 $rV^C=a\delta(u-c)+a\sigma u-a\sigma c=a(\delta+\sigma)(u-c)$。价值由交易对象的抵达率 a、交易概率 $\delta+\sigma$ 和每次交易的获益 $u-c$ 决定。由于交易概率的扩大,信用经济比以物易物要好,即 $V^C>V^B$。但承诺不完全时,要检验理性人是否违约。假设违约被抓的收益为 V^D,违约者有概率 μ 被抓,那么理性人的守约条件为 $-c+V^C \geq \mu V^D+(1+\mu)V^C$。假设违约被抓时,给予理性人最严重的惩罚为将此人逐出市场（autarky）。那么 $V^D=0$,理性人的守约条件为 $r \leq \hat{r}^C=\mu a(\delta+\sigma)(u-c)/c$。从守约条件来看,理性人遵守承诺的前提是时间偏好参数 r 足够低,人们要重视未来才能守约。或者说违约被抓的概率足够高,好的监督机制可以保证守约。监督机制不好时信用经济无法成立,这时就需要货币这种支付机制。

接下来莱特教授重点讨论了货币。为此做出的假设如下：经济中有无穷多个不可分货币,货币供给的总测度为 $A<1$。为简化模型,每人持有货币的

数不能超过 1 单位。持有货币给理性人带来 ρ 的效用。如果 $\rho > 0$，货币相当于 Lucas（1978）引入的资产卢卡斯树。如果 $\rho = 0$，货币是通常意义上的法定货币（fiat money）；如果 $\rho < 0$，货币有储藏成本。

根据是否持有货币，理性人会分为买方、卖方两类。持有货币者为买方，价值函数为 V_1；不持货币者为卖方，价值函数为 V_0。V_0 和 V_1 满足：

$$rV_0 = a\delta(u-c) + a\sigma A\tau(V_1-V_0-c) \tag{1}$$

$$rV_1 = a\delta(u-c) + a\sigma(1-A)\tau(u+V_0-V_1) + \rho \tag{2}$$

这里 τ 是买方接受货币的概率。买方的最优反应函数为：

$$\tau = \begin{cases} =1 & if \quad V_1-V_0 > c \\ [0,1] & if \quad V_1-V_0 = c \\ =0 & if \quad V_1-V_0 < c \end{cases} \tag{3}$$

当货币为法定货币时（$\rho = 0$），$\tau = 1$ 的条件为：

$$r \leq \hat{r}^M = a\sigma(1-A)(u-c)/c \tag{4}$$

货币均衡存在的条件是 $r \leq \hat{r}^M$。货币经济和信用经济的相同点是要求人们重视未来，因为获得货币的目的就是进行未来交易。但和信用不同的是，货币经济不需要监督机制。

莱特教授在总结中强调货币经济体中人们努力获得货币的原因是他们相信别人将来会接受货币。经济中没有强制要求货币作为交易媒介，人们可以放弃货币回到以物易物阶段。但理性人不会这么做，因为货币实现了单重巧合的交易机会。换句话说，人们重视货币带来的流动性。流动性是几千年来货币带来的福利改进。

莱特教授也讲述了货币对福利的改进。显然在信用经济体中，货币不能改进福利。监督机制足够好时人们用信用取代货币，如 $\mu = 1$ 时，$\hat{r}^C > \hat{r}^M$。但监督机制不够好时，货币能改进福利。

此外，莱特教授强调，货币均衡显然是脆弱的，因为必定存在无货币均衡。货币的核心在于流动性。当其他人都不接受货币时，流动性就消失了，经济进入无货币均衡。存在货币均衡和无货币均衡两种均衡时，太阳黑子均衡（sunspot equilibria）也可能存在。太阳黑子均衡中人们根据无关的事件决定是否接受货币。当货币是实物货币而不是法定货币（$\rho \neq 0$）时，货币均衡也可能消失。当$\rho < 0$且为非常小的负数时，人们会因为持有成本太高而拒收货币。当$\rho > 0$且为非常大的正数时，人们会囤积货币而不是拿出去消费，这是著名的格雷欣法则（Gresham's Law）。因此只有的绝对值不够大时，货币均衡才可能存在。

第二代货币模型

在第一代模型的基础上，莱特教授详细阐述了第二代货币模型（以下简称"第二代模型"）。第二代模型通过引入商品的可分性，进而研究商品或者资产的价格。同时，莱特教授介绍了在新货币主义模型中广为应用的几种议价（bargaining）机制，包括卡莱议价（Kalai bargaining）和纳什议价（Nash bargaining）等。其中的经典文献包括 Shi（1995）与 Trejos and Wright（1995），他们的文章中商品定价方式是议价。双边交易中议价显然比瓦尔拉斯定价合理。莱特教授介绍的其他双边定价方式包括 Julien et al.（2008）中的拍卖、Burdett et al.（2017）及 Burdett and Judd（1983）中的混合搜寻和价格发布 Wallace and Zhu（2007）中的机制设计等。第二代模型的定价机制比瓦尔拉斯定价丰富得多，这里莱特教授主要讨论议价。

为了讲述模型，莱特教授做了如下基本假定：货币不可分且每人的货币持有不能超过1单位，但商品q可分。假设人们消费喜欢的商品获得$u(q)$的效用，生产商品付出$c(q)$的成本。$u(q)$和$c(q)$满足：$u(0)=c(0)=0$。经济中存在消费的上界$\bar{q}>0$，这里$u(\bar{q})=c(\bar{q})$。如果$q>\bar{q}$，消费的增加就不是帕累托改进。为了简化模型，假设双重巧合的概率是0且买方接受货币的概率

$\tau=1$。那么第二代模型的价值函数是：

$$rV_0 = \alpha\sigma A[\Delta - c(q)] \quad (5)$$

$$rV_1 = \alpha\sigma(1-A)[u(q) - \Delta] + \rho \quad (6)$$

这里 $\Delta = V_1 - V_0$。讨论货币均衡细节前，莱特教授先研究货币存在的先决条件。从第一代模型中可知：信用成立的充要条件是 $r < \hat{r}^C = \mu\alpha(\delta+\sigma)(u-c)/c$。货币成立的充要条件是 $r \leq \hat{r}^M = \alpha\sigma(1+A)(u-c)/c$。推广到第二代模型中，信用成立的充要条件是 $q \leq \hat{q}^C$，货币成立的充要条件是 $q \leq \hat{q}^M$。其中 $\hat{q}^C$ 和 $\hat{q}^M$ 由以下式子决定：

$$c(\hat{q}^C) = \frac{\mu\alpha\sigma u(\hat{q}^C)}{r+\mu\alpha\sigma} \text{ 和 } c(\hat{q}^M) = \frac{(1-A)\alpha\sigma u(\hat{q}^M)}{r+\alpha\sigma} \quad (7)$$

莱特教授指出，如果监督机制好（μ 足够大），那么 $\hat{q}^C > \hat{r}^M$，信用取代了货币。监督机制不好时（μ 足够小），人们会用货币交易。

接下来莱特教授讲述的重点是讨论消费数量 q。假设买卖双方采取 Kalai（1977）的按比例议价，买方的议价能力参数为 θ。买卖双方的交易剩余分别为 $u(q)-\Delta$ 和 $\Delta-c(q)$。那么交易需满足以下表达式：

$$\Delta = v(q) = \theta c(q) + (1-\theta)u(q) \quad (8)$$

其中，$v(q)$ 是买方向卖方支付的价值，它与交易量 q 正相关。定义 $v(q)$ 为支付函数。交易量越大，买方向卖方支付的价值越高。

莱特教授指出稳态均衡是满足上述条件的参数组合 (V_1, V_0, q)，且 q 的取值要在定义域 $[0, \bar{q}]$ 内。和第一代模型相似，第二代模型的货币均衡也是脆弱的，存在无货币均衡和太阳黑子均衡。但与第一代模型不同的是，某些参数下第二代模型存在多重货币均衡。卖方定价低时买方会接受，因为买方有较大的消费者剩余。卖方定价高时买方也会接受，因为买方消费后就变成了卖方，将来可以获得较大的生产者剩余。

最后莱特教授讨论如何最大化货币均衡的福利。这里主要看买方的议价能力 θ 和货币存量 A 两个参数。相对于第一代模型只考虑交易概率，第二代模型还要考虑交易数量。显然，最优交易量 q^* 满足 $u'(q^*)=c'(q^*)$。这里首先讨论议价能力 θ 的福利影响。对于 $\rho=0$ 的法定货币，当 r 不太大时，存在一个 $\theta^* \leq 1$ 使 $q=q^*$；当 r 比较大时，$\theta=1$ 会最大化福利，但 $q<q^*$。这个结果验证了搜寻理论福利讨论的经典文献 Mortensen（1982）和 Hosios（1990）。其次讨论货币存量 A 的福利影响。第一代模型中最大化福利的货币存量是 $A^*=1/2$，因为买方卖方数目相当时交易概率最高。但第二代模型除了考虑交易概率，还要考虑交易数量 q。如果 $A=1/2$ 时 $q<q^*$，那么最优的货币存量应满足 $A^* < 1/2$。

第三代货币模型

在接下来的课程里，莱特教授介绍了第三代新货币主义模型——拉各斯-莱特模型（Lagos-Wright Model，以下简称"第三代模型"）。在第三代模型中，通过引入集中市场（centralized market）和偏好的拟线性，解决了货币分布的问题。而莱特教授也进一步指出了法定货币或者以资产为货币的经济均衡的存在性和唯一性，同时为同学们介绍了弗里德曼法则（Friedman Rule），即令名义利率应当趋向于 0。

莱特教授在第三代模型中做出的假设如下：时间是离散的，β 为折现率。每一期的市场分为分散市场和集中市场两个子市场。分散市场有承诺不完全和搜寻匹配等摩擦，需要货币充当交易媒介。分散市场的商品为 q，它的消费效用和生产成本与第二代模型相同。集中市场的商品为 x，它由集中市场的劳动力 l 一对一转化。买方的效用函数为 $U(x)-l+u(q)$，卖方的效用函数为 $U(x)-l+c(q)$。这里买方卖方的效用函数是拟线性的，这是消除货币分布的关键。假设集中市场的价值函数为 $W(a)$，下一期分散市场的价值函数为 $V_{+1}(a)$，则 $W(a)$ 满足：

$$W(a) = \max_{x,l,\hat{a}} \{U(x) - l + \beta V_{+1}(\hat{a})\}$$
$$\text{s.t. } x + \varphi\hat{a} = (\varphi + \rho)a + l + T \quad (9)$$

这里 a 和 $\hat{a}$ 是集中市场开始和关闭时的货币持有量，φ 是以 x 计价的货币价格，ρ 是持有货币带来的效用（对于法定货币 $\rho = 0$），T 是转移支付。政府通过转移支付注入货币。将预算约束式代入 $W(a)$ 并消去 l，则有：

$$W(a) = (\varphi + \rho)a + T + \max_{x} \{U(x) - x\} + \max_{\hat{a}} \{-\varphi\hat{a} + \beta V_{+1}(\hat{a})\} \quad (10)$$

由（10）式可见 $W(a)$ 是 a 的线性函数，$\hat{a}$ 和 a 无关，因此货币分布被消去了。

接下来莱特教授考虑了分散市场的均衡结果，它与参数 ρA 有关。如果 $\rho > 0$ 且 ρA 足够大，所有的流动性需要会被满足。资产价格为基础价格：$\varphi = \beta\rho/(1-\beta)$；如果 ρA 不够大，则流动性在经济中是稀缺的。假设分散市场的定价机制由支付函数 $v(q)$ 决定。那么下一期的消费量满足 $v(q_{+1}) = (\varphi_{+1} + \rho)\hat{a}$。分散市场的价值函数为：

$$V_{+1}(\hat{a}) = W_{+1}(\hat{a}) + a\sigma[u(q_{+1}) - v(q_{+1})] + a\sigma[v(Q_{+1}) - c(Q_{+1})] \quad (11)$$

其中 Q_{+1} 是家户卖出的商品数量，它显然与 $\hat{a}$ 无关。对于 $V_{+1}(\hat{a})$ 求一阶导数并代入 $\beta V'_{+1}(\hat{a}) = \varphi$，会有以下欧拉方程：

$$\varphi = \beta\{W'_{+1}(\hat{a}) + a\sigma[u'(q_{+1}) - v'(q_{+1})]\frac{\partial q_{+1}}{\partial \hat{a}}\}$$
$$= \beta(\varphi_{+1} + \rho)\{1 + a\sigma[\frac{u'(q_{+1})}{v'(q_{+1})} - 1]\} \quad (12)$$

这里 $\lambda(q) = \frac{u'(q)}{v'(q)} - 1$ 是货币的流动性溢价，也是货币支付量 $d \leq \hat{a}$ 的拉格朗日乘子。（12）式简化为：

$$\varphi = \beta(\varphi_{+1} + \rho)[1 + a\sigma\lambda(q_{+1})] \quad (13)$$

对于法定货币 $\rho = 0$，定义 $z = \varphi A$ 为真实货币量：

$$z = \beta\frac{z_{+1}}{1+\pi}[1 + a\sigma\lambda(q_{+1})] \quad (14)$$

有了关于真实货币量的动态方程，莱特教授强调了以下多方面的动态应用：Ferraris and Watanabe（2011）与 Rocheteau and Wright（2013）研究了真实货币量的动态均衡，指出货币经济存在两周期、三周期和多周期的波动均衡（cyclical equilibria）乃至无穷周期的混沌均衡（chaotic equilibria）。

此外莱特教授还强调了经济中的稳态均衡，即 $z = z_{+1}$。定义真实利率 r 满足 $1 + r = 1/\beta$，根据费雪恒等式，真实利率 i 满足 $1 + i = (1 + r)(1 + \pi)$。那么：

$$i = a\sigma\lambda(q) \tag{15}$$

从（15）式可以看出，名义利率或通货膨胀率和交易量 q 相关。q 与交易概率 $a\sigma$ 相关。流动性溢价 $\lambda(q)$ 取决于支付函数 $v(q)$ 代表的定价机制。莱特教授强调这些结果都有丰富的经济学含义。

最后莱特教授做了第三代模型的福利分析。如果定价机制是卡莱议价，那么弗里德曼法则 $i = 0$ 可以保证福利最大化：$q = q^*$。但如果定价机制是纳什议价，那么仅仅有弗里德曼法则不能保证 $q = q^*$。必须加上 Hosios（1990）中的买方议价参数 $\theta = 1$ 的条件。如果定价机制是 Hu et al.（2009）的机制设计，则 $q = q^*$ 会在 $i > 0$ 但 i 不太大时实现。第三代模型重新计算了通货膨胀的福利损失。在过去不考虑市场摩擦的瓦尔拉斯定价模型中，人们愿意为降低 10% 的通货膨胀放弃 0.5% 的消费。在他们的模型中，通货膨胀的福利损失是不大的。但在引入搜寻匹配摩擦的（Lagos and Rocheteau，2005）中，人们愿意为降低 10% 的通货膨胀放弃 5% 的消费，通货膨胀损失扩大了 10 倍。

在详细介绍新货币主义三代经典模型的基础上，莱特教授十分注重与经济学院师生的互动，并详细回答了同学们的提问，令北大师生获益良多。课程取得了圆满成功。

【主讲人简介】

兰德尔·莱特曾在康奈尔大学、宾夕法尼亚大学任教，现任威斯康星大学麦迪逊分校商学院和经济系联席教授,同时担任圣路易斯联储、明尼阿波利斯联储研究顾问,其研究范围涵盖货币、银行、信用。莱特教授创立了新货币主义学派,系统地阐述了什么是货币、怎样研究货币等一系列经济学基本问题,有着极重要的学术影响。他曾任《国际经济评论杂志》(*International Economic Review*)主编,现任《经济理论杂志》副主编。莱特教授是世界计量经济学会会士、经济前沿理论学会(Society for the Advance of Economic Theory)会士和经济测量学会(Society for Economic Measurement)资深会士。

竹中平藏教授解析日本经济政策和疫情后的亚洲

镜头：竹中平藏教授在"日本名家系列讲座"中开展在线讲座

题记

"日本名家系列讲座"依托于北京大学经济学院开设的"日本经济与社会前沿问题"课程，主讲人为中国社会科学院近代史研究所研究员、北京大学经济学院兼职教授汪婉博士。本系列讲座邀请日本社会各界知名专家学者从经济、外交、商业等不同角度分析当前日本的经济社会问题，为师生提供同日本决策层零距离交流的宝贵机会。2020年10月23日上午，日本著名经济学家、庆应大学名誉教授竹中平藏作为"日本名家系列讲座"主讲人开展在线讲座。在本次活动中，竹中平藏教授围绕日本宏观经济政策、新冠肺炎疫情带来的冲击、日本的数字化政策计划、日本外交政策四方面阐述了自己的见解，并与来自校内外的百余名听众进行亲切交流。

日本在安倍时期主要有三大经济政策，这三大政策在菅义伟首相执政的时期一并传承沿袭了下来。第一个是大规模的量化宽松政策，目的是使日本从长期的通货紧缩状态中摆脱出来。为了实现这一目的，日本的中央银行实施了大胆的金融改革政策，在增发货币的同时制定了负利率的政策。第二个是财政政策，财政政策可以分为短期的财政政策和中长期的财政政策两个方面。从短期的财政政策而言，为了摆脱经济不景气的情况，日本投资了大量的公共事业，然后分发一些财政补贴，结果便是财政发生了赤字。从中长期的政策来看，日本财政赤字是庞大的，日本所发行的国债是其GDP的两倍。为了减少财政赤字，日本将实行财政重建的方针。短期的财政政策和中长期的财政重建政策结合起来，就是综合的财政政策。第三个是经济增长政策，包括结构改革以及一些法律法规方面的改革，从而最大限度地激发日本经济增长的潜在能力。这三个政策之中，第一个取得了较大的成功，日本的经济取得了大规模的增长。第二个也获得了较大的成功，定期的收益是比较稳定的。虽然经济并没有取得大幅增长，但基本上维持了正向的增长，增长率在1%—2%，最后留下来的课题就是财政重建。菅义伟上台以后也进一步强化了第三个政策，即经济增长政策。

在介绍了有关日本的经济结构改革以及财政重建等问题之后，竹中平藏教授分析了新冠肺炎疫情给日本带来了怎样的影响。新冠肺炎疫情暴发后，日本总理大臣在2020年4月发布了进一步的紧急事态宣言，通过限制一些经济活动来限制感染人数，特别是减少因此产生的感染死亡人数。在这些对策下，日本取得了一定的成绩。然而，新冠肺炎疫情还是给日本经济带来了巨大的影响。企业生产时需要考虑三个要素：首先是人，其次是物，最后是钱。这三个要素共同活动才能使经济维持在正常的状态。疫情给经济带来了各方面的影响，在这个过程中物和钱都保持在动，唯一不动的是人，因此就给经济带来了巨大影响。具体而言，如果把2020年第二季度的经济增长率换算成年增长率的话，这个数值达到了-27.8%。针对这一现象，政府出台了一些大胆的政策，包括财政政策和金融政策。从金融政策方面来看，以前日本的一般财政性支出是100万亿日元，现在增长到了160万亿日元，与原先相比，财政性支出规模增大了60%。这一对策引发了比较有趣的经济现象，那就是日本的GDP虽然下跌了27.8%，但资产价值和失业率还是维持在稳定的水平，失业率仅仅从原来的2.5%增加到3%，房价也基本保持稳定，以上现象说明日本的经济现在还是维持在比较好的水平。

从历史上看，当大规模传染性疾病发生在某个阶段时，都会导致社会发生巨大的改变。历史上有两个深刻的教训：第一个是在14世纪，意大利发生了黑死病（也叫作鼠疫），整个欧洲超过1/3的人口因为鼠疫而死亡。大量的人口流失导致了社会劳动力不足，同时也导致教会的权威一落千丈，并带来了之后的文艺复兴运动。第二个教训是在19世纪后半期在伦敦发生的霍乱。因为室内的水遭到了污染，人们为了寻找干净的水源而搬到郊外，这就给人们带来了生活观念上新的变化——建设田园城市，并导致生活习惯随之发生变化，从中可以看到，在某个时代发生的疫情会导致整个社会发生变化。所以在后疫情时代要接受教训，去思考在新的时代应该建设怎样的新常态。

当面对危机的时候，社会的优势和劣势才会暴露出来。在此次新冠肺炎疫情导致的危机中，人们也深刻意识到了日本社会存在的优势和劣势。从优势来看，日本人非常关注卫生状况，这就使得感染新冠肺炎病毒的人数相对于欧美国家较少；从劣势来看，日本发展数字化在设施和技术上具有基础，但在应用上仍显不足。日本的数字化程度比较低，也就是用数字化来支撑整个社会的发展制度现在还没有建成。在日本，大家非常注重人和人面对面的交流，所以像远程教育、远程医疗或者居家工作的发展是迟滞的。日本在数字化发展的基础建设上是非常先进的，例如日本先于很多国家实现了电视的数字化，以及在各地铺设了高速的通信网络，但是更好地利用这些基础建设方面仍然比较滞后。也就是说，日本在数字方面的基础建设非常完善，也拥有实现这方面建设的技术水平，但是在实际应用方面存在很多限制，所以要通过建立数字厅[①]来推动全社会的数字化。因此，日本政府将尽快实现数字厅的建立，从而实现日本的数字化。同时也要一并进行行政和法律制度方面的改革，为此日本任命了专门的数字大臣以及负责行政以及限制方面改革的大臣，由双方一起合作来推动整个社会结构的改革。

在数字化过程中还有一个非常重要的问题是，如何防范数字化过程中产生的新的不平等。这种不平等可能产生在人与人之间或企业与企业之间。例如，相比年轻人，老年人在使用网络的时候更容易遇到问题。从企业来看，阿里巴巴、腾讯等高新技术企业相较部分传统的企业拥有更高的收益。因此，如何避免这类不平等的现象也是需要去考虑的方面。现在很多国家都在举全国之力推进数字化，包括欧洲部分国家、中国、新加坡等。新加坡从2017年开始提出推动"智能国家"的概念，大量地利用大数据以及人工智能去构建新的生活方式。那么新加坡是如何消解这种不平等的呢？它们设立所谓的行政助手，帮助无法适应数据时代或不会使用网络的人去使用数字化的东西，这些行政助手包括一些公务员或者企业职员，日本也可以学习新加坡这方面的政策。

除了数字化政策，还有两个政策是日本国民比较关心的：第一个政策是降低手机资费。在日本，手机资费基本上占个人日常开支的5%—6%，这和美国纽约处于一样高的水准。因此日本降低资费的政策受到了广泛欢迎，一旦手机资费下降，有可能刺激消费，同时也可能刺激经济增长。通过这一政

---

① 2021年9月日本成立的中央政府机构，直接隶属于首相，致力于推进数字化。——编者注

策也可以给消费者带来利益。在日本有三个通信公司处于市场垄断的状态，所以打破这种垄断是非常必要的。第二个是外交政策，这个政策有三个关键词：第一个是俯瞰地球的外交，第二个是积极和平主义外交，第三个是自由开放的印太。自由世界秩序包括自由的贸易、多边主义以及全球化。日本虽然不是制定者，却愿意做维护者。此外，日本和欧盟也签署了自由贸易协定。以上都体现了日本努力维护自由的世界秩序的决心。

随后，竹中平藏教授分析了中国和日本的合作以及新型亚洲区域合作模式。从全球范围来看，亚洲受新冠肺炎疫情影响相对较小，因此亚洲内部可以率先解除封锁，复苏经济，率先促进内部合作。亚洲经济占全世界经济份额的40%，所以一旦亚洲经济能够恢复发展，不仅对亚洲有利，对全世界的经济都会带来促进作用。具体到中日两国来说，两国在疫苗合作开发和生产等领域的合作有着广阔空间及前景。考虑到生产规模与生产成本等问题，企业是无法大规模地生产疫苗的，更需要国家与国家的合作来促成疫苗的合作开发，并推动疫苗在全世界尤其是贫穷落后国家的普及，希望中国和日本未来能够在这方面达成共识与合作。

【主讲人简介】

竹中平藏，日本著名经济学家、庆应大学名誉教授、小泉纯一郎内阁经济财政大臣兼邮政改革大臣，从小渊惠三政权开始连续担任政府经济智囊，是日本经济改革的重要推动者。

邓钢教授以宏观视角讲解中国大历史

镜头：邓钢教授以线上方式开展中国经济史讲座

> 题 记

在北京大学"海外名家讲学计划"项目支持下，世界著名经济史学家、伦敦政治经济学院邓钢教授于2020年10—12月以线上方式开展了关于中国经济史的讲座。本次讲座由北京大学经济学院经济史学系、北京大学社会经济研究所和北京大学外国经济学说研究中心联合主办。在本次活动中，邓钢教授围绕"秦代郡县制对中国两千年的影响""中国高产农业形成的原因"及"宋代的经济发展和悲剧结局"等主题与师生展开分享。

秦代郡县制对中国两千年的影响

从世界经济史的视角观察，法国、德国、意大利等欧洲国家曾长期实行领地制度，领主在自己的领地区域具有高度自治的财政、军事等权力。法国直至 19 世纪拿破仑称帝后才从领地制度转变为郡县制，德国普鲁士直至俾斯麦改革才完成向郡县制的转变，而意大利在第一次世界大战之后才真正实现郡县制制度。东亚日本的历史亦不例外，日本曾长期实行大名领地制度，在明治维新后才形成郡县制。由此来看，秦代郡县制的出现确实领先世界其他国家约两千年。

秦代郡县制的出现具有历史偶然性。秦灭六国后，秦始皇在帝国范围内推行郡县制。这一决策既蕴含了秦始皇的个人意志，也与当时的历史条件相对应。从秦始皇的身世来看，子楚作为秦国的边缘王子，最终成为秦国的合法继承人。子楚的儿子秦始皇即位后，由于自己母亲具有特殊身份，他杀死了自己同母异父的弟弟，也让分封制失去了实行的基础条件。秦始皇还着力推动了多项有力的改革，如通过土地、行政的改革废旧贵族，立新贵族；通过禁刀枪完成暴力垄断；通过焚诗书完成意识形态垄断；通过坑儒生消灭政治异己……以上种种措施都开创了中国历史上的先例。秦始皇在统一六国后，延续了以军代政（军管郡县）和军功论赏的制度，设三十六郡，车同轨以便于御察地方，书同文以利于郡县官员的信息沟通。秦始皇所推行的政策是希望结束诸侯战争，保障海内和平，使自己所建立的制度成为定制延续千秋万代。因此，这一系列事件推动秦代郡县制的产生和发展本身就充满了历史的偶然性。

自秦代郡县制创立以来，这一制度带来了一系列重要的历史后果：首先，郡县制界定了中国在东亚的版图。其次，郡县制确定了中国特有的"官僚君主制",选择了儒家作为官僚君主制的指导思想和行为准则,并选中了"农"作为国家结盟的对象,出现中国特有的"国家-农民联盟"。"农"的政治地位高于"工""商",这在世界史上也是罕见的。相比领主制,郡县制具有较大的官员供给弹性的优势,这使得帝国领土版图具有较大弹性。郡县制推崇以才取人(meritocracy)的文官统治模式,允许社会阶级流动,使得"布衣阶层"有可能崛起,这有效推动了社会人力资本投资,提升了社会总体管理效率。文官郡县管理制度崇尚文治教化,减弱了地方暴力冲突矛盾,间接降低了社会交易成本。郡县制有利于帝国内部消弭战争、维持和平,而非政府财政税收的最大化,或者官员对朝廷忠诚的最大化。税收和忠诚最大化是领主制的特点。

但郡县制也存在一定弊端。例如,秦始皇焚书坑儒这一对思想控制的先例产生了思想僵化的负面影响。尽管董仲舒说服汉武帝独尊儒术,但孔家一言堂随着朝代的更迭,越来越强调个人克己修身,因此秦代以后再无百家争鸣。此外,文官制度的发展也产生了根深蒂固的官僚主义,相比而言,中世纪西欧和江户时代的日本没有官僚主义的条件与动机。尽管儒家推崇轻徭薄赋,但重农抑商的政策偏好也导致了工商业发展迟缓、帝国经济结构单一化。过分重视考试取仕和"孝道"引出的"好男不当兵"的社会价值判断也导致中华民族缺乏尚武精神和国防实力长期存在短板。

中国高产农业形成的原因

中国历史上具有一个重要特征事实,即呈现高产农业的特点,但自然资源禀赋并非最适合农耕。中国农耕生产成本较高。与中东麦类起源地相比,中国北方并不适合种麦;与南亚及日本相比,中国南方并不适合种稻。因此我们有理由推测中国的农耕经济是自上而下政策导向建立的,且这个过程到宋代才完成。这一结论得到了以下证据支撑：

第一，国家土地所有制曾是长期历史制度。西周到唐末历时两千年之久的土地国家所有制，符合马克思的"亚细亚生产方式"的提法。井田制、均田制等土地制度也都主要由政府这只看得见的手推动；但至宋代，中国已经实现了广泛的土地私有制，看得见的手逐渐让位于民间市场这只看不见的手。卜凯调查表明，宋代中国耕地的90%都属于私人所有，并得到官方认可。宋代就有"一田多主"的说法，表明那时的农业剩余可以支持食利者阶层，中国农业经济较为成熟和高产。从全球经济史视野来看，相同的土地制度欧洲落后中国800年，亚洲其他地区落后中国900—1000年。

第二，在宋代土地私有制以前，重农-劝农体系人为降低了农业的机会成本，对建立中国现有农耕体系起到了至关重要的作用。《史记·货殖列传》中就有记载"夫用贫求富，农不如工，工不如商"，这表明自然规律显示，相比其他行业，农业绝无行业上的优势。中国自古代以来通过多种政策引导民众从事农业，例如实行轻徭薄赋，通过常平仓制度平抑粮价，专门设有管理农业行政官员指导农业生产。此外，通过农业信息共享也提升了农业效率，《氾胜之书》《齐民要术》《王祯农书》《农政全书》等书籍的广泛流传可以证明这一点。由此来看，中国历史上重农思想的渗透是自上而下实行的，明清皇室还专门请艺术家对耕作进行描绘，君主高调劝农。

从微观和宏观两个角度来看，中国农业在历史上取得了重大成功。从微观上而言，中国古代农业达到了俄国经济学家恰雅诺夫（Chayanov）所提出的充分就业，即投入充分回报，农业总产出最大化。下图在家庭无报酬（free labor）的生产关系及以产量最大化为目标下，农业总产出可以达到C—D阶段。这是因为农家内部劳力不付工资，使得"劳动边际产出"的概念完全无效，劳动可以无限投入，并且不存在企业量产的最低门槛。这明显优于资本主义经济和资本主义企业。但在雇佣市场的生产关系及以利润最大化为目标下，农业总产出会止步于B—C阶段。宏观上，中国古代农业达到了伊懋可

（Mark Elvin）所提出的高水平均衡陷阱，这主要是得益于全球作物引进和本地高投入两种有利因素。此外，不同于奥尔森（Olson）所提出的国家政府必然寻租的假设，中国古代政府有意识地放弃寻租，并重视灾疫下的救助福利。以此推论，由于中国国家重农-劝农体系限制政府寻租，提倡轻徭薄赋，那么以政府税收来衡量国家能力的假定就不成立。中国政府所推动建立的国家-农民联盟使得人均税收负担降低、民众福利上升、人口大幅增长，最终达到了经济学上所说的帕累托双赢（Pareto Optimum）。

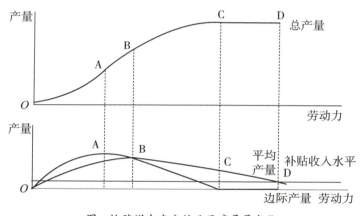

图　恰雅诺夫充分就业及产量最大化

宋代的经济发展和悲剧结局

唐末遇到长达三个世纪的小冰期，这一不可抗力因素导致宋、辽、夏、金四分天下，并展开了经济竞争和军备竞赛，这些内外部激励机制催生了国家引领的宋代经济奇迹，使得宋成为中华民族对世界经济史贡献最大的时代。

在宋代，不可抗力的小冰期引起了一系列内部变化。首先，无霜期缩短，黄河流域的旱作农业普遍歉收，中原大量土地抛荒，北方私人农耕经济受到毁灭性的打击。重农的宋代政府误判原因为缺水，实施了大量灌溉工程以期重振北方农业,并学习汉代以官办垄断、薄利多销的方式推广新技术,然而税粮不增反减,重农政策宣告失败。在此背景下,政府鼓励人口南移开荒,被迫重农、重工、重商并举,甚至扩充军队来解决北方农业凋敝导致的民生就业问题。在北部辽国,小冰期导致草场歉收、军马饿死,散乱的游牧部落被迫组织起来以求生机,结果建立了现代意义上的国家,进而南移,蚕食农耕地带。自此启动了宋(汉)—辽(契丹)—夏(党项)—金(女真)—元(蒙古)的经济竞争和军备竞赛。公元1004年,北宋和辽朝结成澶渊城下之盟,开启了北宋每年以白银、丝绢和海外珍奇向辽国换取和平的模式。

不同于金和元意在对宋取而代之,辽和西夏对宋只满足于贡品而没有领土要求,这种寻租的"坐盗"行为反过来迫使北宋进行了一系列改革。在财政方面,发行交子、关子以降低交易成本,在世界上首创了信用化货币;在经济方面,重农、重工、重商三管齐下,并在地理上形成了钢铁产区、产粮区、铜铅锡产区、航海区和矿业待开发区的区域专业化分工格局。其中,农业上,在南方推广冬小麦和速生占城稻的双季种植、实施青苗法接济农民,导致农业绿色革命,使得北宋不仅自给自足,更首创高达一亿的人口规模。工业上,工矿业采取政府包买制度,从铁对粮食的交易条件和铁产量来看,铁的生产有了大规模的跃进,而铜、锡、铅产量的年增长率甚至超过铁。矿冶业的迅速发展说明宋代已经出现了工业化,却是在人口大量失业背景下形成的一种富有特色的劳动密集型工业化。商业上,实行茶酒盐包卖制度,国营商业扩张,并建立市舶司管控对外贸易,甚至因为进贡海外珍奇的需要,在陆路贸易失守情况下,国际航海崛起,发明了船用指南针、硬式风帆、垂直尾舵、船体金属铆钉等,首创远航马六甲海峡的纪录,朝廷更是派八位使节出海招商,从而成为明代郑和航海的直接先驱。这些改革还意外催生了《梦溪笔谈》《太平惠民和剂局方》、宋词、宋体字等新科技和新文化成果。然而,由于没有解决国防问题,宋代一枝独秀的重工-重商主义最终以宋被蒙古军事征服而终结。不过,这种军事失败不等同于经济失败,宋代对世界经济史的贡献值得充分肯定；同时，无论是宋－辽－夏－金格局还是宋－金－夏－蒙格局，在科学技术、经济改革、资源开发等各方面引领世界的宋反而被落后的辽、西夏、金、蒙古打了，这一"四分天下、落后者打人"的历史无可争辩又引人深思。

【主讲人简介】

邓钢，伦敦政治经济学院终身教授，英国皇家史学会终身院士，伦敦商务孔子学院副院长。师承英国经济史学家艾瑞克·琼斯（Eric Jones）。曾任南开大学、清华大学、意大利都灵大学等客座教授，北大－伦敦政治经济学院暑期班管理委员。目前担任麦克米伦出版社（Palgrave Macmillan Press）世界经济史系列主编。1994年获世界经济学会全会四年一度的最佳博士论文奖。研究专长为中国长周期经济增长、东亚现代化、中西经济发展比较。

国际会议篇

学者云集，研学互鉴

经济学专题系列
◀ 学术研讨会 ▶

巍巍上庠，世纪弦歌不辍；经世济民，百年再续华章。经过一个多世纪的积淀发展，北京大学经济学院的学科构建，实现了理论经济学与应用经济学、政治经济学与西方经济学、经济史论与当代主流经济学的兼容并包。百余年来，脱胎于 1902 年建立的京师大学堂（北京大学前身）商学科的北京大学经济学院始终秉持开放包容的态度，不断探索创新人才培养模式，以深厚的学术底蕴和重要的学术地位深深吸引着来自全国乃至世界各地的优秀学子。

进入 21 世纪，国内国际经济社会形势日新月异，新时代新经济迫切呼唤经济学创新发展，新一代信息技术的创新活动对微观经济学、宏观经济学、信息经济学、制度经济学以及产业组织理论、就业和收入分配理论的创新提出了紧迫要求。近年来，全球变暖、自然灾害、新冠肺炎疫情等全球性危机再度触发了我们对人与自然关系的深刻反思。

在此背景之下，北京大学经济学院又一次站在中国经济学研究的风口浪尖。为促进国内外经济学研究的融合转换以及跨学科领域的深度合作，进一步帮助广大师生夯实经济理论基础、拓宽学术研究视角、掌握国际学术动态，北京大学经济学院陆续展开了一系列前沿、高水平、国际化的经济学专题学术研讨会，内容涵盖微观经济学理论、宏观与货币经济学理论、生态经济学、信息经济学、创新经济学、劳动经济学、发展经济学、经济史学等领域。会议邀请各领域的知名大家以及活跃在学术一线的中青年学者，围绕学术重点、热点、难点展开积极研讨，各抒己见，贡献才智。这些国际学术会议的举办为经济学学术的发展搭建了重要而及时的平台，也为我国不断融入全球化的世界经济合作贡献了力量。

微观经济学理论专题国际学术研讨会

镜头：微观经济学理论专题国际学术研讨会与会人员合影

> **题 记**

2016年6月25—26日，微观经济学理论专题国际学术研讨会（Peking University Summer Conference on Microeconomic Theory）在北京大学经济学院举行。本次会议由北京大学经济学院主办，来自北京大学、清华大学、南加州大学、纽约大学等国内外大学的近八十位经济学者和学生参会研讨。

当今微观经济学研究中仍存在很多有趣而重要的未解之谜，需要在经常性、国际性的学术研讨和交流平台上，不分国界的思想交融和碰撞中得以解答，使极富价值的最新学术成果能够切实为微观经济学理论的发展和进步做出积极贡献。本次会议为与会者进一步相互学习、交流和研讨，为推动微观经济学理论的发展和进步贡献智慧与力量提供了一个重要平台。美国普林斯顿大学迪利普·阿布鲁（Dilip Abreu）教授和西尔万·查桑（Sylvain Chassang）教授、瑞士苏黎世大学费利克斯·库伯勒（Felix Kübler）教授、美国密歇根大学蒂尔曼·伯格斯（Tilman Börgers）教授、香港大学孙永泉（Wing Suen）教授、上海财经大学孙宁教授、复旦大学陈庆池教授、美国哥伦比亚大学刘庆民副教授、加拿大多伦多大学施贤文副教授，以及北京大学翁翕助理教授、孙铖助理教授、吴泽南助理教授等12位海内外专家学者围绕博弈论、信息经济学、契约理论等微观经济学界前沿专题进行了论文报告。

普林斯顿大学迪利普·阿布鲁教授报告了他与合作者的研究成果——"单边不对称信息的议价研究"（Bargaining with One-sided Asymmetric Information），阐释了将行为模式扰动变量引入单方不对称信息议价模型的有效方式，从而使模型得以充分吻合现实中的交易达成滞后性。在以往考虑交易达成滞后性的研究中，尽管将单方不对称信息假定引入一个二人无限次议价模型中，但由于一方参与者往往拥有任意两个贴现因子，因此无论是单方不对称信息模型还是双方不对称信息模型，均将产生多重贝叶斯均衡。阿布鲁教授及其合作者在研究中提出的解决方案是在条件解中加入行为模式扰动项 z，使得知晓信息的一方推迟其做出决策的时间。在这一改进下，该研究凝练出了较以往更强的均衡结果。此外,加入该扰动项后的单方不对称信息议价模型可实现科斯结果,即厂商与消费者达成的最优交易价格将位于价值分配的下界,但交易达成存在延时而非立即达成。这样一来,该研究不仅可使议价模型高度吻合现实中交易达成存有滞后性的经验事实,更使得最优均衡的实现依赖于内生变量而非外生假定,从而保证了不完全信息情况下无限次议价模型结果的均衡性和可靠性。

苏黎世大学费利克斯·库伯勒教授报告了他与合作者的研究成果——"基于资产需求的信念识别"(The Identification of Beliefs from Asset Demand),探讨了从资产需求识别个人信念的有关问题。由于经济学研究的微观基础是最大化个人主观期望效用,因此如果能够通过市场数据识别信念,从而对个人的主观期望加以衡量,将为一系列经济金融谜题的解答带来突破。该研究的基准模型为具有有限状态数的两期模型,效用函数与状态无关,时间可分离且跨期稳定。研究发现,在给定家户资产需求(关于初始财富和资产价格的函数)可观测的情况下,可得到如下识别定理:资产需求可以识别家户的基数效用函数;且若第二期家户在不同状态下的边际效用线性无关,那么资产需求可用于进一步识别家户信念;更进一步地,利用显示偏好分析方法,研究发现,在满足上述条件的情况下,如果有关需求函数的观测数据足够多,效用函数及信念可以被唯一地识别出来。库伯勒教授还简要讨论了跨期非稳定的效用函数以及多期模型的情形。他指出,上述问题是一个重要但艰深的基本问题,虽然该研究提供了一些解答,但仍有不少问题亟待解决,比如资产需求的可观测性问题、离散性问题等。

密歇根大学蒂尔曼·伯格斯教授报告了他与合作者的研究成果——"显示性相对功利主义"(Revealed Relative Utilitarianism),在运用显示性边际替代率及相关公理的基础上,推导了相对功利主义原则(relative utilitarianism)下的社会效用函数。在该研究中,社会计划者的决策显示了不同个体福利的相对量。研究给出"社会边际替代率"的概念,指出社会偏好可以显示任意两个个体最偏好选择间的边际替代率，证明了社会边际替代率的存在性与唯一性。在此基础上，该研究给出了社会福利函数在一定空间中的一种定义方式。通过依次给出帕累托引理、可分离引理、稳定性引理和一致性引理，证明了这一定义方式下的社会福利函数符合帕累托公理，且满足帕累托特性、可分离性、稳定性与一致性。基于此，该研究经论证得出：当且仅当偏好可由社会计划者的决策显示出时，社会福利函数才符合上述帕累托公理。伯格斯教授最后指出，虽然给出了功利主义的简易微观基础，但该研究对个体数量及其决策进行了比较强的假设，因此，日后可对不符合这些假设情形下（如存在个体数量变化、事前个体不平等、事后个体不平等）的公理成立情况作进一步的深入探究。

普林斯顿大学西尔万·查桑教授报告了他与合作者的研究成果——"竞价限制下的重复拍卖机制"（Collusion in Auctions with Constrained Bids），研究了在重复拍卖机制下出价限制对卡特尔的影响。该研究的拍卖模型只包括一个买家，但卖家多于两个；买家以第一价格拍卖的方式，规定最小价格 p 进行购买，同时买家还有一个保留价格 r，买家会选择 p 与 r 之间的最小值进行购买。同时，该模型还假设卡特尔成员之间可存在金钱转移，且公司成本可被各卡特尔成员察觉。在每一期，卡特尔卖方能够看到所有成本，并且给出自己的价格，之后赢家会将部分获利转移给其他卡特尔成员。这是一个重复博弈，各期的成本、出价、金钱转移等均可被观测。基于此，出价与转移在重复博弈中达到子博弈精炼均衡，可得到如下结论：公司各期报价和最终分配结果与此前历史路径无关；一个成功的卡特尔报价要求公司在此次报价成功后全吞的回报低于公司选择继续留在卡特尔中的回报，以使卡特尔得以维系；当最小价格 p 为 0 时，卡特尔的总回报为 0；当 p 大于公司成本下界时，卡特尔总回报大于 0。随后，该研究通过实证检验证实了最小价格的引入的确可以弱化卡特尔。

香港大学孙永泉教授报告了他与合作者的研究成果——"新闻媒体市场

中的注意力竞争"（Competition for Attention in the News Media Market），探讨了新闻媒体市场中经济主体对有限注意力的分配与竞争相关问题。该研究构建了包括新闻机构和读者这两个主体的新闻媒体市场模型：每个新闻机构包括编辑者和所有者两个主体，编辑者基于新闻事实和自身倾向进行新闻撰写，所有者选择用于保证新闻精确度的投入；每位读者能获知所有新闻，但注意力的分配问题会使其产生一定的信息接收偏差，因此读者需要做出两个选择以最大化其效用——一是综合对各家媒体报道的理解，形成对某事件的看法；二是决定其注意力分配，以确保对事件的了解足够精确。此即新闻机构所有者选择用于保证新闻精确度的投入，编辑者和读者将精确度视为已知，同时分别做出选择。该研究通过求解贝叶斯均衡发现：新闻媒体全行业对读者的影响力越大，所有者用于保证新闻精确度的投入越小。进一步，利用该模型可分析当前新闻媒体行业"数量增加、质量下降"的现象：当新的新闻媒体进入市场时，新闻媒体全行业影响力变大，各媒体所有人用于保证新闻精确度的投入变少，使新闻可信度降低。

上海财经大学孙宁教授报告了他与合作者的研究成果——"双方同意型离婚框架下的婚姻理论"（A Theory of Marriage with Mutually Consented Divorces），指出在双方同意型离婚框架下，夫妻双方选择能够在无限次重复下达成稳健且唯一的匹配集。夫妻双方相信只有双方共同同意时才能离婚，此即"双方同意型离婚框架"。在此背景下，该研究引入了男性和女性对异性的严格偏好选择、弱偏好选择以及男女之间的匹配变量 x，同时设定以下进程：第一步，每一位男性将在可接受的女性中选择其本人最为偏好的一位，每一位愿意接受男性求爱的女性将拒绝任何一位不适合她的男性的追求；第二步，每一位被拒绝的男性将顺位选择其第二偏好的女性进行追求，而每一位愿意接受男性求爱的女性亦将拒绝任何不适合她的男性；之后以此类推。这一进程将持续到直至女性接受不到任何男性的追求为止。男女双方匹配的可行集如果无法通过任何链式解或周期得到优化，则该匹配的可行集将是最优匹配结果。研究发现,双方同意型离婚框架下的婚姻选择路径是延迟接受程序(DA)和最高交易周期程序(TTC)的混合,即男女双方的配偶选择在无限次下均能达成稳健的匹配集,且该匹配集是唯一的。

复旦大学陈庆池教授报告了他的研究成果——"财政发票彩券制度"(Fiscal Receipt Lottery),探究了政府为实现最大化税收而应采用的最优税收和发票彩券制度。发票彩券制度利用兑奖返现的方式,鼓励消费者主动索要发票,进而促进企业足额纳税。然而,商家也可通过给予折扣等方式使消费者放弃索要发票,从而逃避纳税。该研究旨在探究在上述两方面的共同作用下,政府应如何制定最优税收及发票彩券制度。该研究由两个模型构成:第一个模型研究了商家与消费者在商品交易达成后的合谋行为;第二个模型将消费者的购买行为内生化,进一步推广了第一个模型的结论。该研究将消费者效用设定为确定性等价的形式,正比于彩券中奖均值,且随中奖方差增大而减小;消费者之间存在风险偏好异质性;政府决定彩券的均值和方差;商家决定给予消费者的返现金额。研究发现,发票彩券制度可促进纳税,风险厌恶程度低的消费者选择索要发票,从而获得兑奖机会;风险厌恶程度高的消费者选择接受商家返现。此外,研究指出,政府增大纳税比例并非有效之举,因为商家总是可以说服一部分消费者放弃索要发票;对发票彩券均值及方差的设置才是最大化税收数额的关键。

哥伦比亚大学刘庆民副教授报告了他与合作者的研究成果——"有限承诺拍卖"(Auctions with limited commitment),分析了招标方缺乏承诺能力对拍卖结果的影响。经典拍卖理论认为,对招标方而言,最优拍卖机制需设置一个高于保留价格的最低投标价格;对投标方而言,出价高于最低投标价格方为有效,否则会造成流拍。然而招标方要使该机制达到最优,需做出如下承诺:若流拍,则不会再将此拍卖品进行出售。可以想象,如果招标方没有能力做出此承诺,招标方将在流拍后重新进行拍卖,并提供一个更低的起价以期达成交易。这个更低的底价为投标方带来了直接好处,使得投标方在一开始有动机策略性地不进行有效出价。针对这一问题，该研究通过构建一个可以求解的机制设计理论问题对其进行了阐释。研究表明，在一系列限定条件下，承诺能力的不足会降低招标方的利润，却可以使拍卖结果更加趋于社会最优结果。其原因是，招标方的承诺能力放大了其市场垄断地位，在为招标方带来利润的同时减损了社会总福利；与之相反，承诺能力的不足固然降低了招标方的垄断地位，却得以使拍卖结果趋于对社会最好的情形。

多伦多大学施贤文副教授报告了他与合作者的研究成果——"共识维度问题研究"（The Dimensions of Consensus），阐释了通过简单多数表决机制解决多维度集体决策的问题。该研究指出，个体偏好是平面欧几里得体系的，其利害攸关问题是内生的；机制设计者面对的问题是如何制定投票机制以最大限度增加社会总福利。研究表明，在各维度采取简单多数表决制，投票结果将是特定坐标轴下的中位数。而值得注意的是，正交轴的旋转将产生一系列新结果，均值是旋转不变的，但特定坐标轴下的中位数将发生变化。本研究发现，一个更优的福利共识可由投票过程实现。在大样本中，如果个体二维属性与原正交轴独立，则一个零旋转（zero-rotation）往往是次优的；也就是说，独立问题独立投票不是最优的。如果个体类型独立同分布在原维度，则在许多常用分布中以 45 度旋转将产生最优结果。进一步，该研究指出，如果可以在货币尺度上进行衡量，则 45 度旋转机制就如同一个"两阶段预算"的过程。此外，该研究还提供了激励效率的各类下界。特别地，研究表明，如果个体类型独立同分布且具有对数凹密度函数，则次优的投票机制能够实现最优效率的 88% 左右。

北京大学翁翕助理教授报告了他与合作者的研究成果——"组织动力学理论：内部政治与效率"（A Theory of Organizational Dynamics: Internal Politics and Efficiency），该研究分析了组织内部派系之争对该组织选拔人才效率的影响。该研究构建了一个动态选举模型，该模型包括一个由三名成员组成的组织和大量有望被选入该组织的"预备成员"。每一期，组织内的三位老成员逐一考察预备成员,并通过特定的选举方式("一票否决制"或"多数通过制")来决定是否将其吸纳为新成员,直至选出一名新成员。此后,随机将一位老成员移出组织。在该模型中,个体能力越强,越能为组织发展添砖加瓦;从属于多数派的个体可以瓜分一份额外利益,而少数派个体则无法享受此福利。在上述模型设定下,该研究表明,所有成员放下派系成见,以能力作为考察新成员的唯一标准是全社会的最优选择。然而在现实生活中,派系之争恐无法避免。基于此,研究指出,当派系之争无可避免时,"一票否决制"是比"多数通过制"更为合理的制度安排。其背后的原因比较复杂,但可以厘清的一点是,"一票否决制"可以帮助少数派掌握更大的话语权,从而尽量避免出现某一派系垄断整个组织的局面。

北京大学孙铖助理教授报告了其研究成果——"声誉和社交媒体"(Reputation and Social Media),阐释了社交媒体中专家和公众的信息不对称问题,通过建立声誉博弈模型研究了社交媒体中"有偏见但知情"的专家对公众发表言论时的策略选择问题。所谓"有偏见的专家"是指有意识形态激励来扭曲信息,同时亦关注其个人声誉的专家。这类专家知道,其对不同领域专业知识的掌握和熟悉程度不尽相同,但观众并不能识别这些。在此基础上,该研究引入了对一系列其他相关情形的考察来解释不同社交网络平台(如微博等)对专家表达策略的影响。研究表明,如果观众不能准确识别专家对相应领域知识的熟悉程度,则专家更倾向于利用其良好口碑在他了解较少的领域宣布其个人最喜欢的消息;而当观众具有其他更好的信息来源时,则专家更倾向于说实话,此时,专家与其追随者的外部信息选择将展开竞争,因此当外部信息选择增加时,信息有效性亦随之提高。最后,该研究亦引入"沉默"作为一种专家选择,解释了其作为介于讲真话和撒谎之间一种策略的合理性,指出当信号不够明确时,专家更倾向于保持沉默而非表达对其不利的信息。

北京大学吴泽南助理教授报告了他与合作者的研究成果——"公司管理人员的流动与管理"(Managerial Turnover and Entrenchment),聚焦于公司管理层的最优留任政策。本研究假定市场上存在两类经理：一类是有能力的，另一类是没有能力的。每个人都有一个常识：经理有能力的概率为50%。在第0期，董事会与经理签订合同，确定薪水与离职金。在第1期，经理付出有成本的努力，且传递出的信息结构因能力而异；同时，董事会收到一个能够反映经理能力的信号，以决定是否留用经理。在第2期，如果经理留任，则第2期经理的能力即为第1期经理的能力；否则，第2期经理的能力为新经理的能力。在该模型框架下，企业的最终受益将仅受两类经理信息的累计分布函数影响，并且可将其分解为三个效应的影响，即选择效应、激励效应和承诺成本效应。此外，该研究引入了信息有效程度，用于表示董事会能否清晰获知经理有无能力的信息，存在上界与下界。当低于下界即信息非常模糊时，公司的最优留任政策是完全留用；当高于上界即信息非常清晰时，公司的最优留任政策是偏向解雇；当介于上界与下界之间即信息清晰程度中等时，公司的最优留任政策是偏向留用。

宏观与货币经济学理论专题国际学术研讨会

镜头：宏观与货币经济学理论专题国际学术研讨会与会人员合影

> **题记**

　　2017 年是北京大学经济学院建院 105 周年，学院陆续展开了一系列前沿、高水平、国际化的学术活动。6 月 19—20 日，宏观与货币经济学理论专题国际学术研讨会（Peking University Summer Conference on Macro and Monetary economic Theory）在北京大学经济学院泰康学术报告厅举行。会议由北京大学经济学院主办，北京大学研究生院协办。来自北京大学、中国人民大学、密歇根大学、纽约州立大学、爱尔兰国立大学等国内外近八十位经济学者和学生参会研讨。

宏观经济学和货币经济学是与当今经济社会发展密切联系的两个经济学分支，需要国际性的学术研讨和交流平台，使最新学术成果能够在跨国界的互相交融和碰撞中，切实为宏观与货币经济学理论的发展和进步做出积极贡献。本次会议中，苏黎世大学费利克斯·库伯勒教授、迪肯大学佩德罗·戈米斯·波克拉斯（Pedro Gomis-Porqueras）教授、香港科技大学朱涛（Tao Zhu）副教授、密苏里大学顾超（Chao Gu）副教授、夏威夷大学马诺阿分校王良（Liang Wang）助理教授、上海财经大学何超助理教授、加拿大银行高级经济学家朱宇（Yu Zhu）博士、北京大学韩晗助理教授、新加坡国立大学黄葵（Kui Huang）助理教授等九位海内外专家学者围绕一系列宏观与货币经济学领域前沿专题进行了学术报告。

苏黎世大学费利克斯·库伯勒教授报告了他与合作者的研究成果——"再抵押：杠杆、波动与福利"（Re-use of Collateral: Leverage, Volatility and Welfare），探讨了金融市场再抵押行为的有关问题。再抵押是指经纪商将它们理应持有的资产外借给第三方的行为，是融资和提升市场流动性的重要渠道。近年来，再抵押对市场的潜在风险引起了监管者的高度关注，一些主要金融市场监管机构已陆续出台针对再抵押行为的管理规则。尽管已有文献从交易数量、流动性供给能力、对融资市场的影响等方面对再抵押行为进行了研究，但尚未有文献给出再抵押对金融市场总体影响的数量分析，也尚未有对再抵押管制政策影响的研究。在这一背景下，该研究通过构建一个异质性信念下的无限期资产定价模型，测度了再抵押行为对金融市场杠杆率、波动性和福利水平的影响。在该模型中，经纪商的再抵押能力使得已有抵押能够通过金融市场交易派生出更多抵押。研究发现，再抵押具有增加杠杆率和市场波动的效应。同时，研究指出，当引入对经纪商再抵押数量的管制后，金融市场波动将随管制的收紧而减小。但是，再抵押管制对福利水平不具有单调影响，这主要出于以下两方面原因：一是再抵押能力表明经济体能够更好地实现风险分摊；二是金融市场参与者的异质性信念将使得杠杆率高于最优风险分摊下的水平，对再抵押的管制可将参与者行为引导至社会最优水平。该研究表明，适度规模的再抵押行为将更有效地帮助市场参与者分摊风险，从而可增进福利水平；而超过合理规模的再抵押不但会引起过高的杠杆率，也会降低福利水平。基于此，该研究认为应适度管控而非禁止金融市场中的再抵押行为。

迪肯大学佩德罗·戈米斯·波克拉斯教授报告了他与合作者的研究成果——"二级市场和无担保信贷对通货膨胀动态的影响"（The Effects of Secondary Markets and Unsecured Credit on Inflation Dynamics），探讨了美国国债二级市场及无担保信贷的有关问题。在过去的40年里，国债二级市场和信贷市场的迅猛扩张对美国的通货膨胀产生了重要影响。该研究在拉各斯－莱特（Lagos-Wright）货币搜寻模型的基础上，加入了国债二级市场；每期期初时，经济主体会受到一个偏好冲击，紧接着在国债二级市场上调整其资产组合。该研究还提出以下假设以讨论无担保信贷市场发展的影响：在有搜寻摩擦的市场上，一部分交易使用信贷支付，另一部分交易使用货币支付。在该研究框架下，当二级市场不活跃时，经济体存在唯一的货币稳态均衡且国债不影响通货膨胀动态；而当二级市场活跃时，国债会产生流动性溢价，政府的利息支出下降，政府通过征收通货膨胀税和发行国债来为公共开支融资。研究发现，政府的总利息支出对于债券的实际存量是非线性的，存在一种类似拉弗曲线的关系，由此产生了多重均衡。为排除多重均衡导致的非稳定性，该研究指出，无论财政政策立场如何，采取积极的货币政策都将更有可能实现一个唯一的货币稳态均衡。此外，如果采用对经济体中利差做出调整的泰勒法则，那么将总能实现唯一的均衡。从这个意义上讲，传统的泰勒法则未必是最优的。基于此，该研究得到以下结论：在给定其他条件不变的情况下，金融发展将允许货币当局在应对通货膨胀时采取相对温和的货币政策；金融发展可能是20世纪80年代引发美国"大缓和"的重要因素。

密苏里大学顾超副教授报告了她与合作者的研究成果——"资本保证、通货膨胀与失业"（Capital Pledgeability, Inflation and Unemployment），探讨了在不同信用条件下通货膨胀与失业的关系。该研究利用三阶段搜寻市场模型研究了不同信用条件下通货膨胀和失业的关系，认为货币政策在劳动力市场上的有效性取决于信用条件：当信用条件改进时，工资增加，失业率下降；当通货膨胀增加时，工资减少，而失业率变化取决于信用条件。该研究假设每期共有三阶段市场：第一阶段是摩擦性的劳动力市场，其中失业工人和企业面临双边搜寻问题，正在生产的企业需要在卖出产品前支付工资；第二阶段是摩擦性的分散市场（decentralized market，DM），其中工人和企业交易，但工人不能赊账；第三阶段是无摩擦的集中交易市场（centralized market，CM），所有参与者交易并调整货币余额和资本量。研究发现，当不考虑资本抵押能力且市场进入成本较小时，存在唯一的均衡工资，且当利率增加时工资减少。当考虑资本抵押能力时，稳定状态是以下三种情形之一：情形1——通货膨胀率为0且企业货币余额为0；情形2——通货膨胀率介于0和名义利率之间，企业货币余额为0；情形3——通货膨胀率等于名义利率，企业货币余额为正。此时，主要结论包括以下三方面：（1）若经济处于情形1，当名义利率上升时，经济仍将处于情形1，工资和失业率将下降；（2）若经济处于情形3，当名义利率上升时，经济将首先由情形3转向情形2，并可能继而转向情形1，工资和失业率将下降；（3）若经济处于情形3，当资本抵押能力上升时，工资上升，失业率下降，经济将由情形3转向情形2，继而到情形1。

香港科技大学朱涛副教授报告了他与合作者的研究成果——"福利——

名义债券的改进效应"(Welfare-improving Roles of Nominal Bonds),探讨了货币与债券的共存问题。该研究从机制设计的角度出发,首先考虑了一个基于经典搜索模型的经济环境,买者和卖者使用不可分债券和货币进行交易。债券的存在使得经济出现财富分配效应,从而对福利有所改善。但债券的福利效应可被纯货币环境下由总量税带来的福利改进所超越,因此无法解释货币与债券的共存现象。该研究提出在买者与卖者的接触中可采用更加广泛的交易规则,使交易规则本身由买卖双方的资产组合所决定。这时,债券的存在将改变买卖双方的交易规则,换言之,即使买方和卖方持有资产价值不变,资产的构成(即债券与货币在资产中的比重)也会对交易规则产生影响,从而影响交易结果。在这一机制的作用下,债券存在的福利效应很可能会超过只有货币存在时总量税的福利效应,进而可对债券与货币的共存现象以及共存的福利改进作用做出解释。但这种设定可能存在的问题是,在利用计算模型求解优化问题时需要考虑的情境数量过多:卖者和买者可能的货币持有状态有4种,即可持有0、1、2、3单位货币;同样,可能的债券持有状态亦有4种,即买者和卖者的资产组合有256种可能。即便不考虑买者实际持有资产为0和卖者实际持有资产为最大值的两种极端情况,仍有225种可能的情形。在此基础上,若每种情形有5种不同的交易规则备选,则共有5 225种可能,该研究计划通过之后的探索找到解决上述问题的办法。

夏威夷大学马诺阿分校王良助理教授报告了他与合作者的研究成果——"基于不可分商品的资产均衡"(Asset Equilibria with Indivisible Goods),探讨了以资产作为交易媒介的有关问题。该研究在 Lagos and Rocheteau(2005)的基础上,引入了一种不可分的商品——资产。资产发挥了两种职能:价值贮藏和交易媒介。对买方而言,他们同时需要这两种功能;但对于卖方,他们只关心资产的价值贮藏功能。基于上述假设,该研究构建了一个包含 DM 和 CM 的新货币主义模型。CM 是瓦尔拉斯市场,买方和卖方都通过选择自己的消费、劳动供给和下期持有的资产以最大化效用;DM 市场是搜寻市场,买卖双方以某一概率两两相遇并决定是否进行交易，交易通过议价机制进行。当资产分红很高时，模型存在唯一均衡，此时所有买方都将参与DM。但当资产分红较低时则存在两个可能的均衡：一个均衡是"高资产价格均衡"，这一均衡对应一个较高的DM市场参与率，大量买方为参与DM市场对资产产生了流动性需求，从而推高了资产价格，此时虽然持有资产的机会成本下降，但单个买方发生交易的可能性也同时下降；另一个均衡对应较低的资产价格以及较低的参与率，虽然低资产价格提高了买方持有资产的机会成本，但较低的参与率提高了单个买方交易发生的可能性。研究表明，高资产价格均衡是稳定的，低资产价格均衡是不稳定的。进一步，多重均衡是将资产作为交易媒介的独特结果。这是因为当以资产作为媒介时，持有成本会随市场参与率不同而变化，因此可能产生多重均衡。

加拿大银行高级经济学家朱宇博士报告了他与合作者的研究成果——"房地产市场的价格模型：理论和估计"（Modeling House Prices: Theory and Estimation），在运用动态有向搜寻模型的基础上，解释了英国房地产市场的价格黏性现象。在该研究中，基于买家对于房产的异质性需求形成不同的房地产交易市场，一定比例的房屋拥有者在经历需求冲击后希望出售房屋，做出市场进入决策和报价决策。在完全竞争的环境下，房屋出售者在进入决策和报价决策间做出权衡，模型具有唯一的稳定均衡。买家效用越高的房地产交易市场，房屋出售者的均衡报价越高，房屋出售者数量和买家的数量比例越大，均衡中一单位房屋达成交易的平均时间越长。基于模型分析结果，该研究推断在具有稳定结构的房地产市场中，高值房产的平均成交时间更长。通过英国的房地产市场交易数据，该研究对模型结论进行了检验，发现房产达成交易时间和交易价格呈现显著的正相关性，符合模型的稳定均衡特征。利用英国房地产市场数据，该研究对模型进行了校准。模型中，预测房地产市场基本面变化对于价格分布的影响，以及价格分布关于卖家比例的变化同英国房地产市场历史数据非常吻合，接近67%的价格不会发生变化，但是该模型对于房地产价格平均增幅的预测为2%，略高于英国房地产市场。该研究还通过噪声搜寻模型刻画了房地产市场的交易结构，得到了相近的结论，但是拟合效果劣于动态有向搜寻模型。

上海财经大学何超助理教授报告了他与合作者的研究成果——"金融摩擦与货币政策的执行"（Financial Frictions and Monetary Policy Implementations），探讨了货币政策执行工具和中介目标的有关问题。该研究围绕以下三种货币政策工具进行了分析：总量转移（LST）、公开市场操作（OMO）和借贷便利（SLF）。这些货币政策工具间有很大区别，例如当经济进入流动性陷阱时，公开市场操作或借贷便利均将失效，但总量转移（又称为"直升机撒钱"）依然是有效的。由于货币政策工具取决于货币当局的中介目标，因此对货币当局中介目标的考察也是该研究的重点之一。该研究采用了一个新货币主义模型框架，并进行了如下几点修改：首先，假定存在异质性偏好冲击，即有高需求和低需求两类消费者；其次，在模型中加入了金融市场。因此，该研究的模型中一共包括三类市场：金融市场（financial market，FM），在这一市场上居民进行债券的买卖或相互借贷；DM，在这一市场上居民进行专业化的生产，然后以一定的概率随机两两匹配，匹配到的双方可以进行交易；CM，即瓦尔拉斯市场，此时居民通过选择消费，持有债券、货币和贷款以最大化效用。研究指出，当金融市场无摩擦时，货币当局可以名义货币增长率作为货币政策的中介目标，并使用总量转移作为货币政策工具；当金融市场有摩擦时，名义利率是更为合适的中介目标，此时应采用公开市场操作或借贷便利作为货币政策工具。相比于公开市场操作，借贷便利更为理想，因为公开市场操作会影响经济中的债券总量。

北京大学韩晗助理教授报告了他与合作者的研究成果——"货币政策及其他宣告的影响"（The Effects of Monetary Policy and Other Announcements），探究了货币政策宣告对经济波动的影响。该文的政策含义是：提前宣告"好"的货币政策，尽可能推迟宣告"坏"的货币政策是当局的最优选择。该研究延续了新货币主义的两阶段市场模型：在 DM 中，卖方生产，买方消费；在 CM 中，双方进行交易并调整资产和负债。两类经济主体都具有拟线性效用。研究表明，如果参数具有不随时间变化的特性，那么在标准条件下就不存在静态货币均衡。为揭示人们对于已收到的未来冲击消息所做出的反应，该研究将经济主体对未来的预期考虑在内，发现如果当局宣告在 T 期将进行一次性货币投放，给定经济将随后回复到静态货币均衡状态，则 $T-1$ 期货币余额减少；在 $t<T$ 时段内，货币余额将按照其最优路径行进，因此货币余额的变化因参数的变化而不同。若考虑任何改变 T 期货币预期价值的因素，上述结论同样适用。由此，该研究指出，无论货币政策是否中性，货币政策宣告在政策实施前就可引发内在动态变化。对于较长期或较小的变化，消息的发布更可能导致经济波动；消息引发的波动可提高福利，但高度依赖于对时间和参数的选取。该研究还探讨了量化宽松、多则消息、多种货币、引入房产等情况下政策宣告对经济的影响。

新加坡国立大学黄葵助理教授报告了她的研究成果——"银行的数量和规模：效率与均衡"（On the Number and Size of Banks: Efficiency and Equilibrium），介绍了用于在有限承诺和内生监管条件下计算银行最优数量和规模的模型。该研究采用两期模型，时间可分离且跨期稳定；将经济主体分为存款者和借款者两种类型，同时认为银行家由存款者中的一部分转化而来，吸收存款，代表存款者进行投资，其行为需受到内部监管。该研究从无银行状态入手，基于有限承诺和不完全监管这两个要素构建模型，同时简化了银行行为；从社会福利最大化的角度得出了银行数量和规模的均衡解，从对非集中市场的考察得到了均衡条件，取得了一系列理论分析结果。研究表明，银行家需要得到回报来减少机会主义行为的发生；相较于存款者，银行家可以消费更多，而且无须进行生产。进一步，均衡状态下银行家所需的回报与监管成本、利率、违约所带来的收益成正比，但与投资回报率成反比；而银行家的数量则与监管成本、利率、违约所带来的收益成反比，与投资回报率成正比。为得到稳定均衡，政府必须通过征税和配额两种途径限制银行的准入条件。该研究发现，在税负低于一定限度的情况下，存在不可退化的稳定静态均衡；只有政府准确设置税负和配额，这一均衡状态才是最优的。

制度、改革与经济发展国际学术研讨会

镜头：美国新兴市场研究学会会长约瑟夫·布拉达教授在制度、改革与经济系发展国际学术研讨会上发言

> **题 记**

2015年9月19—20日，由北京大学经济学院与美国新兴市场研究学会（Society for the Study of Emerging Markets）合作举办的制度、改革与经济发展（Institutions, Reforms and Economic Development）大型国际学术研讨会在北京大学经济学院举行。来自24个国家和地区近百位经济学者在会议上报告了其最新的学术成果，进行了深入的学术交流和思想碰撞。本次会议以"制度、改革与经济发展"为主题，分别进行了五个主题演讲和二十余个主题分论坛的讨论。

作为世界上最大的新兴经济体,中国当下正面临着"新常态"下的产业结构转型升级问题,本次会议为与会者探讨当下中国经济的一些重大难题提供了一个重要平台,参会者围绕"宏观经济理论与政策分析""微观经济理论与政策分析""经济史与经济思想史""金融理论与实践""保险与社会保障""人口与劳动力""国际经济理论与世界经济问题""公共经济理论与政策研究"等相关议题展开讨论。

在会议主题演讲中,美国新兴市场研究学会主席约瑟夫·布拉达(Josef Brada)教授就"跨国公司对外直接投资受本国和所在国的政府腐败影响"(The Effect of Home-country and Host-country Corruption on Foreign Direct Investment)这一问题进行了学术报告。他首先回顾了学术界关于此问题的诸多争议:2000年左右,学术界普遍认识到投资所在国腐败将减少外国直接投资(FDI);2005年左右,有学者提出腐败问题对FDI无实际影响;2011年,学界提出所在国的腐败问题对FDI可能具有正面影响。布拉达教授指出,制度是影响经济运行的关键因素,好的制度将有力地保护财产权和自由。当制度环境发生变化时,所在国经济体的腐败程度将导致跨国公司选择不同的发展方向:在腐败程度较高的经济体中,公司将发展出适应和处理腐败及掠夺的能力;而在腐败程度较低的经济体中,公司则将把主要的禀赋投入品牌和专利技术等方面。基于此种理论,布拉达教授提出了自己的模型。在模型中,他假定在一个跨国经济环境中有十个国家,任何国家的公司都不存在竞争优势,各国的禀赋、技术和消费者偏好各不相同,每个国家的公司生产一种产品,该产品可被其他国家的产品替代,但是存在异质性。设消费者效用函数为柯布-

道格拉斯函数，公司为价格接受者，则在此情况下存在一种均衡。各国将在每个国家均进行投资，同一国家在各个国家之间的投资规模相同，本国和外国价格相同。当引入腐败这一变量后，结论产生了巨大的变化。布拉达教授引入了"绝对腐败"和"相对腐败"的概念，绝对腐败对所有公司均产生相同的效果，而相对腐败对公司的影响则取决于该公司应对处理腐败的能力。最终，布拉达教授得出以下结论：相对腐败系数为负，绝对腐败程度低的国家将获得更多的FDI。布拉达教授的理论为制度经济学中腐败问题的研究提供了新的思路和方向，他在前人理论的基础上将制度问题中腐败这一重要变量一分为二，进行了更为细致的划分和探讨。

斯坦福大学斯科特·罗泽尔（Scott Rozelle）教授的主题发言题目为"中国的人力资本危机：不平等、发展与稳定"（China's Human Capital Crisis: Inequality, Development and Stability in China），该发言集中探讨了中国人力资本的地域分布和教育、收入不平衡等问题。罗泽尔教授认为，尽管中国经济近年来增长强劲，但中国目前收入的不平等问题可能将导致未来中国经济和社会发展的不确定性。罗泽尔教授从健康、营养和教育方面的差距入手，主要比较中国人口在这些维度上的城乡差距和区域差距。贫困农村地区的儿童更多进入了劳动密集型行业，而这些行业随着中国平均工资水平的上涨正逐步地撤离中国，因此中国急切需要提升自身劳动生产率，从劳动密集型产业转型到技术密集型产业，从供给导向转型为消费导向。造成不平等的主要因素是多方面的，师资力量薄弱、教学器材缺乏、课程设置不合理是广为认可的因素，而更深层次的则是营养和健康的因素。罗泽尔教授根据其研究团队所收集的数据对比了中国的两类农村儿童——随进城务工父母生活的儿童、不随父母进城生活的农村留守儿童，结果发现，在贫血、近视、肠道寄生虫等健康状况和数学、语文、英语等学习方面的测评中，随进城务工父母生活的儿童在各项表现中均显著差于农村留守儿童，这反映了目前社会对真正"弱势群体儿童"的理解偏差和中国部分农民工子弟的糟糕处境。因此，农村地区儿童的人力资本积累严重落后于城市是中国目前面临的极为重要的问题，政府必须予以重视并妥善解决。罗泽尔教授的研究对中国转变经济发展模式、避免中等收入陷阱，以及缩小城乡人口的人力资本差距等方面具有重要的政策启示。

北京大学宋敏教授对企业欺诈和企业现金持有等问题进行了深入的研究，他的研究题目是"企业欺诈对企业财务的影响"（The Financial Implications of Corporate Fraud）。他首先对企业欺诈的成本进行了探讨。他指出，企业欺诈其实并不是一个小概率事件，而是一个较为普遍的现象，大约七分之一的大型公司均有过此行为。学术界对企业欺诈行为有较长时间的研究，普遍认为企业欺诈将导致长期效益的损失和更高的债务成本等。宋敏教授认为，企业欺诈其实并不仅仅影响自身，也会影响到关联企业，其中最显而易见的类型就是加盟企业。宋敏教授通过研究发现，"萨班斯－奥克斯利法案"颁布之后，企业欺诈行为对关联企业的影响变弱，他发现公司管理和政府规章制度相关，政府强有力的制度将有效保护公司抵御负面冲击。随后，宋敏教授介绍了在企业欺诈行为中"代理冲突"（agency conflict）与企业的现金存留政策之间的关系。之所以研究欺诈企业的现金存留政策，主要是因为企业欺诈将严重扭曲其资源禀赋的配置，尤其是其现金的滥用。另外，宋敏教授认为欺诈企业的现金存量在欺诈行为发生时将下降。他提出，欺诈企业在欺诈之前将持有额外的现金储备，在欺诈行为过程中现金持有量将显著下降。他的研究数据和结论显著地支持了 Jensen（1986）等的研究结论，他的动态研究方法对代理冲突的研究有很大贡献。最后，宋敏教授讨论了中国公司在美国的商业欺诈行为。他指出，金融市场建立的基础是信用，而欺诈行为会严重伤害信用。在他的研究中，欺诈问题主要由反向收购引起，而并非是全部中国企业的行为，然而由于美国投资者对中国企业不了解，很难对两者进行区分。宋敏教授发现，美国投资者对在美上市的中国企业信息披露的反应较不明显，中国香港地区的投资者也有类似反应。宋敏教授的研究成果对探索新兴市场国家的企业欺诈行为及其对金融市场的影响具有重要的理论含义，对政府制定相关的管制政策有较高的指导意义。

国际货币基金组织（IMF）前官员维托·坦兹（Vito Tanzi）博士的主题演讲题目是"国家在市场经济中的作用"（The Economic Role of the State in Market Economies）。在演讲中，坦兹博士就市场经济中政府的角色和运营机制进行了分析，并对政府转型提出了自己的见解。他指出，市场经济中政府的角色定位极其重要，而且随着时间的推移而不断变化，经济学界对此研究的目的在于寻找出最优的政府定位和主要的影响因素。坦兹博士首先对大政府和小政府这两种学界争论非常激烈的政府类型进行了剖析，指出小政府国家的政府往往被期待做更多的事情，而大政府国家的政府应当减少其职能，但是应该在哪些领域内减少以及如何减少职能尚无定论。在历史上，政府职能经历了从大到小，在第二次世界大战之后又变大的历程。而在经济学界的认知中，由于市场失灵等因素，政府作为看得见的手必须及时矫正市场（看不见的手）的不正常运行。坦兹博士指出，市场失灵原因众多，主要有公共品的存在、显著的外部性、自然垄断等自然原因，也有不完备市场、信息不对称、收入不平等等人为因素。原则上来说，市场越有效，政府越应减少对经济的干预程度。在此基础上，坦兹博士提出了政府新的角色定位，相比起传统的政府对资源的二次分配，政府应该更加注重收入的再分配和经济的稳定性。

南伊利诺伊大学阿里·库坦（Ali Kutan）教授在分论坛上做了专题报告，题目为"欧洲转型经济体的股票市场：绩效、风险和弹性"（Equity Markets in European Transition Economies: Performance, Risk and Resiliency）。在报告中，他对欧洲股票市场尤其是波兰股票市场进行了研究，通过对波兰股票市场的表现和其他两个转型国家（捷克和匈牙利）以及两个欧洲新兴市场国家（斯洛伐克和斯洛文尼亚）的对比，讨论了股票市场的集聚效应、财富效应和风险，并根据欧盟成立、金融危机爆发等几个主要时间段分别进行了讨论。库坦教授发现，华沙证券交易所的首次公开募股（IPO）极为活跃，数量是同期美国纳斯达克（NASDAQ）等主要资本市场 IPO 数量的两倍以上，仅低于伦敦交易所。而波兰的资本化率和上市公司数量均呈现大幅增长，与之相对的是股票市场的周转率和其呈现反比的趋势。而在国际比较中，除斯洛伐克的资本化率一直比较平稳以外，其他几国基本和波兰的走势相同，而各国的周转率则完全不同。各国股市的集聚效应基本保持平稳的走势，而斯洛文尼亚在金融危机前出现了较高的集聚，匈牙利则在金融危机前后均出现了较高的集聚，但是也迅速回归了初始的平稳趋势。从对于风险情况的对比中可以看出，波兰和新兴市场国家基本在20世纪末、21世纪初的金融危机中出现了较高的市场运行风险，而发达国家（如美国）则基本只在金融危机期间出现较高的风险。根据跨国比较，库坦教授得出结论：波兰股票交易市场相对其他新兴市场国家市场更为繁荣、风险抵抗能力更强、财富效应更大；同时，他通过比较波兰加入欧盟前后的数据发现，加入欧盟对波兰股票市场产生了正面的效应。

生态经济学与生态文明国际会议

镜头：生态经济学与生态文明国际会议与会人员合影

题 记

2019年11月15日，由北京大学经济学院主办的2019年生态经济学与生态文明国际会议在北京大学经济学院东旭学术报告厅举行。来自美国、澳大利亚、英国等多国高校以及北京大学、清华大学、中国社会科学院等国内多所高校院所的二百多名专家学者参加了此次大会。

中国生态文明建设的日渐深入呼唤着生态经济学的理论革新，而生态经济学经历几十载沉潜积淀，也期待听到更多来自中国的声音。本次大会旨在邀请国内外学者共同商讨生态经济学理论创新和学科建设要义，共同分享国内外生态文明的制度创新与实践硕果，共同探索生态文明的理论与实践方向，进一步推进生态经济学学科发展，助力我国生态文明建设。

生态经济学泰斗、马里兰大学赫尔曼·戴利（Herman Daly）教授为本次大会发来贺信。戴利教授以"稀缺性模式的跨时代变化"（An Epochal Change in the Pattern of Scarcity）为题寄语中国生态经济学的发展与生态文明的建设。他认为当前"稀缺"模式已经发生了跨时代的转变，即制约生产的主要稀缺要素由人造资本和劳动力转变为自然资本。生态经济学非常强调这一变化，并为此进行了相关经济学理论的修正与革新。生态经济学最基本的图景是，经济系统是有限的生态系统的子系统，受自然法则支配，因此自然法则为经济增长设定了基本的理论边界。第二次世界大战以后，全球陷入了经济增长竞争的冷战中，经济增长也随着不断增长的环境和社会成本而变得"不经济"，以至于经济增长还没有触及生态边界时就已经触及了自身的边界。戴利教授认为中国政府正在大力推进的"生态文明转型"是应对"不经济的增长"的良好方案。同时，新的稀缺模式对全球的安全性也提出了挑战，在这样一个充满了人造资本和面临动荡因素的世界，生态经济学人正致力于建立一个公正、持久及和平的生态经济社会。他希望这次会议成为实现该目标的重要里程碑。

全国政协经济委员会副主任、清华大学中国发展规划研究院院长杨伟民教授从空间发展的战略高度同与会者分享了他对生态文明建设的思考。杨伟民教授指出，高质量和现代化的发展，不仅需要高质量和现代化的产业、产品和技术，也要有高质量和现代化的空间格局、空间形态和空间结构。以往的经济学抽象了空间，因而生态文明的经济理论应该加入空间发展及其相关理论。杨伟民教授首先阐述了空间发展和空间均衡的概念，提出人类文明进步要在资源环境承载力的范围内处理好人与人、人与自然的关系。杨伟民教授在农业、工业和服务业产品外进一步提出了"生态产品"的概念，他认为清新的空气、清洁的水源、优良的环境等都属于生态产品的范畴。就空间发展而言，杨伟民教授提出构建三大战略格局的理念，即"两纵三横"城市化战略格局、"七区二十三带"农业战略格局、"两屏三带"生态安全战略格局。接着，杨伟民教授从空间结构、开发强度和空间规划上对我国国土资源环境进行了详细阐述，并提出生态文明意义上的空间治理模式，为我国生态文明建设与发展提供了有益借鉴。

中国社会科学院大学教授、中国生态经济学学会副理事长潘家华教授进行了题为"工业化经济理论生态化变革与生态文明新范式"（Eco-revolutionising Industrialism Economic Theory with A New Paradigm of Eco-civilization）的演讲。潘家华教授首先分析了面向可持续发展目标的政治经济学的困境，考察了从单一维度到五个维度的可持续发展目标的演变过程。在解析工业文明范式特征的基础上，潘家华教授从道德准则、价值观念、社会关系、制度化、目标、能源基础、地理物理限制、驱动因素、生产模式和消费模式等十个方面阐释了由传统的工业文明向生态文明转型中的发展范式变革。潘家华教授进一步提出，需要用生态文明原理革新西方主流经济学理论。他认为原有的经济理论有悖发展实践和可持续力原理，需要生态学反思。工业文明范式下的经济学理论难以指导可持续发展的实施，生态文明下的经济理论范式需要转变，要重视自然价值理论、自然生产力理论、环境福祉理论、生态底线理论、生命共同体理论、自然修复优先、人类命运共同体理论，进行经济学理论的生态革命。

《生态经济学》(*Ecological Economics*)创刊主编、生态经济学创始人之一、澳大利亚国立大学罗伯特·科斯坦萨(Robert Costanza)教授发表了题为"生态文明下的生态经济学"(Ecological Economics in An Ecological Civilization)的演讲,从生态文明的角度审视生态经济学的发展。科斯坦萨教授提出,人类行为已经对地球生态系统造成了极大的影响,当前世界是一个"满"的世界,我们应该基于可持续性福祉构建生态经济学,以此作为生态文明的理论基础。科斯坦萨教授从思想、方法和实践三个层面对可持续性福祉进行了阐述。他认为思想上应该改变对世界的认知,方法方面需要引入系统思考,实践层面则需要制度和政策的革新。科斯坦萨教授认为从生态经济学的视角来看,经济系统和社会系统都是生态系统的子系统,经济系统又是社会系统的子系统,这有别于传统观点中经济系统、环境系统和社会系统是三足鼎立的分析框架。他指出,当前地球面临着来自气候、生物、资源等多方面的约束,这些约束影响着人类福祉和生活质量。我们应改变诞生于原有"空"的世界的世界观和价值观,在"满"的世界里,整合自然资本、人力资本和人造资本,实现生态系统和人类福祉的良性互动。科斯坦萨教授最后强调了生态系统价值评估的重要性,呼吁基于效率、公平和可持续性三个主要目标开展生态系统服务价值的评估,实现人类社会可持续的、合意的发展。

此后,英国社会科学院院士、马里兰大学孙来祥教授从全球食品贸易的角度论述了贸易对土地和水资源的压力的影响。伴随着全球贸易总量增加和贸易模式的改变,全球资源使用也发生巨大变化,具体表现为贸易中的隐含二氧化碳、隐含土地和隐含水资源的变化。孙来祥教授提出将土地和水资源短缺程度(土地/水资源稀缺指数)纳入多区域投入产出分析,量化了2011年140个国家(地区)的食品贸易中隐含的虚拟土地和水资源流动。结果表明,虚拟土地资源的主要净出口国是土地资源密集的国家,这一结果支持要素禀赋理论;而虚拟水资源的净出口国是水资源短缺的国家,这一结果不支持要素禀赋理论。因此，孙来祥教授指出，在国际贸易背景下，当前的市场机制并不能反映水资源稀缺的现状。

同济大学诸大建教授认为，中国的生态文明可以检验和升级生态经济学思考：一方面，中国的生态文明实践为大规模检验生态经济学的理论提供了机会；另一方面，中国的生态文明思想有助于把生态经济学的思考提升到新版本。诸大建教授重点谈了四个问题：一是关于有物理极限的发展对没有物理极限的增长，他认为中国的绿色发展目标是实现经济社会发展与资源环境消耗的脱钩。二是有关绿色转型的模式，B模式针对发达国家，在保持人类发展水平的同时把生态足迹降低到阈值之内；C模式针对中国这样的新兴经济体，在控制生态足迹不超过阈值的情况下大幅提高人类发展水平。三是有关技术效率改进与生态规模控制，新古典经济学强调用效率改进实现绿色增长，中国的生态文明强调要用规模控制激发更大幅的效率改进。四是有关生态经济学思考的版本升级，20世纪80年代在欧美崛起的生态经济学是绿色发展理论思维的1.0版，中国生态文明可以引发生态经济学理论思维的2.0版。

主题报告之后，主题为"生态经济学与生态文明的相互滋养"的中外对话圆桌论坛拉开了帷幕。北京大学经济学院平新乔教授和中国人民大学王华教授主持了本次圆桌论坛。圆桌论坛的中方嘉宾分别是张世秋教授、中国生态经济学会常务副理事长李周教授、北京大学国家发展研究院副院长徐晋涛教授和北京师范大学陈彬教授。外方嘉宾分别为德岛大学真弓浩三（Kozo Mayumi）教授、比萨大学托马索·卢扎蒂（Tommaso Luzzati）教授和泰国国立法政大学巴拉特·达海雅（Bharat Dahiya）教授。各位学者针对生态经济学理论如何更好地与中国的生态文明建设相互融合、共同发展的问题展开了深入探讨。

此后，托马索·卢扎蒂教授和北京大学经济学院周建波教授主持了接下来的四场主题报告。清华大学关大博教授发表了题为"南南合作决定未来全球气候变化问题的缓解"（South-South Cooperation Determines Future Global

中外对话圆桌论坛

Climate Change Mitigation）的报告。他通过详细分析源于中国的能源、排放和社会经济核算清单数据，研究了中国近二十年来排放路径的变化特征，进而提出了中国城市层面基于消费的碳排放转移观点，并指出不同工业发展阶段低碳城市分布也会发生改变。最后，他对"南南排放贸易"的发展现状进行总结，提出发展"可持续的三角贸易结构"构想以期更有效地解决全球气候变化问题。

国际生态经济学学会（International Society for Ecological Economics）主席、佛蒙特大学约书·亚法利（Joshua Farley）教授通过视频进行了题为"合作共建生态文明"（Corporation to Build an Ecological Civilization）的主题演讲。他认为，经济本身是一个进化的系统，但如果经济系统难以适应巨变，就不可避免地会反映在生态环境系统中。目前的社会困境是合作的高成本使得人们更趋向于个体行为，从合作的演进角度，培育良好的文化规范可以有效地促进合作意识和利他主义的形成。他还指出，促进合作一是要增强互惠关系，二是建立团体认同，三是面对共同的挑战，四是有共同的资产信托。合作的好处就像存在银行里的钱一样，会为我们带来越来越多的收益。

宁波大学校长沈满洪教授做了主题为"绿色发展的未来展望"的第八场主题报告。他从绿色发展的概念辨析、价值判断和战略取向三个方面，对中国近几十年的经济发展与自然环境关系进行了总结，并对新时代下新的发展理念进行了解读。他指出，虽然目前绿色建设已取得显著效果和一定成就，但"三大矛盾"依旧尖锐，主要集中在"一口水""一口气"和"一口饭"的问题上。绿色发展的未来更应从生态文化普及化、生态产业主导化、生态消费时尚化、生态资源经济化、生态环境景观化和生态城乡特色化等多方面着手。

北京大学经济学院章政教授发表了最后一场主题演讲。他指出，解决当前的生态环境问题，不仅要依靠技术手段和制度建设，也应注意到改变人们生活与消费习惯的重要性。他认为在当下中国同时面临生态环境压力和经济下滑压力的背景下，我们要翻越"绿水青山"和"金山银山"两座大山，必须尽快出台相应的环境补偿制度和环境领域的巨额赔偿制度。此外，应引导企业和社会养成好的习惯，引入环境资产负债表和投入产出表，以此呼吁经济核算过程中不应单纯以货币为单位，还应更多地强调物质资源的价值，还原价值的物质本原。

此次论坛取得了圆满成功。会议对北京大学经济学院生态经济学研究团队近十年来所探索的问题都进行了深入的探讨，希望能借这个会议所整合的资源和搭建的平台，继续为推进我国生态经济学的复兴、建设我国生态文明的伟大事业做出努力。

策略性信息传递国际研讨会

镜头：策略性信息传递国际研讨会会议现场

> **题 记**

  2019年9月21—22日，北京大学经济学院成功举办策略性信息传递国际研讨会。本次研讨会由美国加州大学圣迭戈分校经济系乔尔·索贝尔（Joel Sobel）教授和北京大学经济学院资源、环境与产业经济学系主任张鹏飞联合组织。会议邀请到了美国西北大学、加州大学圣迭戈分校、亚利桑那大学、佛蒙特大学、巴黎第九大学、韩国岭南大学、香港科技大学、香港大学、香港浸会大学、清华大学、复旦大学、中央财经大学、对外经济贸易大学等高校博弈论领域的顶尖学者，围绕"策略性信息传递"这一主题展开了深入而富有成效的研讨。

中国 70 年的经济发展及其对当代经济学的启示

2019 年恰逢中华人民共和国成立 70 周年。中国曾经是世界上最贫穷的国家之一，过去 70 年间，中国经济发展取得了巨大的成就。中国的发展经验可以为现代经济学带来诸多启示。围绕中国 70 年来经济发展取得的经验，北京大学新结构经济学研究院林毅夫教授发表了主旨演讲。林毅夫教授指出，20 世纪 30 年代经济大萧条以后，凯恩斯主义成为西方宏观经济学的主流，强调市场失灵和政府对市场的干预。第二次世界大战后，很多发展中国家在独立后开始追求国家的现代化。应时代发展需要，西方主流经济学分出了一个新的子学科——发展经济学。第一代发展经济学理论现在称为"结构主义"。结构主义主张发展中国家要赶上发达国家，就应该跟发达国家一样建立先进的现代化大工业。结构主义建议发展中国家由政府直接配置资源，以进口替代方式发展现代化产业。

1978 年年底，我国在社会主义国家中率先从计划经济体制向市场经济体制转型。20 世纪八九十年代，其他社会主义国家也进行了类似的转型。我们的转型并没有遵循当时国际上主流的新自由主义经济理论，而是解放思想、实事求是地推行了渐进的双轨制改革。20 世纪 80 年代，国际上的主流思潮被新自由主义所取代，认为社会主义国家以及其他发展中国家经济发展不好是因为政府对市场干预太多，造成各种扭曲，是由"政府失灵"造成的。从经验实证来看，政府主导的经济体系效率确实不如发达国家那样的市场经济体系。所以，转型的目标是向市场经济体系过渡。按照当时的主流思潮，要向市场经济体系过渡就必须建立起市场经济所必要的制度安排。所以根据当时的新自由主义思潮形成了后来的所谓"华盛顿共识"——转型要成功就必须推行市场化、私有化、宏观稳定化，而且这些必须同时转型到位才能取得效果。

中国在改革开放进程中创造了人类经济史上不曾有过的奇迹。可以说，奇迹就是不能用现有理论解释的现象。如果用现有的经济理论来看中国，可能到处是问题，因此只要中国经济增长稍微放慢一点，在国际学界、舆论界就会出现"中国崩溃论"，但是实际上中国经济不仅没有崩溃，还创造了奇迹。因此，改革开放以来的发展不能用现有的理论解释，而需进一步探究其道理。

林毅夫教授特别强调了经济学理论创新的必要性，并指出发展经济学理论创新的方向。从对现代经济学的反思与国际发展经验来看，在发展方面按照主流理论设定政策的国家基本都出现了问题，而中国违反了主流理论却实现了快速发展。最主要的原因是这些理论来自发达国家，以发达国家为参照系，忽视了发展中国家跟发达国家的差异是条件不同的内生结果。第一阶段的发展理论主张发展中国家建立现代化工业体系，但是该理论忽略了不同发展程度国家产业结构的内生性，即产业结构内生于不同发展程度国家的要素禀赋结构。第二阶段的转型理论没有意识到扭曲的内生性。扭曲、干预、补贴存在的原因是转型前要优先发展的产业资本太密集，这种产业中的企业在开放竞争的市场当中没有自生能力，过于依赖补贴的供给。由于主流的转型理论忽视了这种扭曲的内生性，尽管理论模型的逻辑很严谨，根据理论所做的建议很清楚，可是，按这些建议来转型的结果比原来更糟。总之，现在的主流经济学一般把发达国家的结构作为给定的最优结构，把发达国家的产业作为要发展的目标，忽视了发展中国家和发达国家结构特性的差异，因而不适用于发展中国家。现代经济学的理论要在发展中国家发挥作用，就要求在理论中反映出发展中国家和发达国家结构的差异，并了解内生性对经济发展、转型和运行的影响。

以中国的改革与发展经验作为理论创新的来源，最重要的是必须了解中国作为一个发展中国家，跟发达国家结构的差异性是什么因素造成的。新结构经济学作为发展经济学的第三波思潮,倡导以现代经济学的方法来研究一个经济体的结构及其变迁的决定因素和影响。根据新结构经济学,不同发展程度的国家产业结构是内生的,每一个时点上要素禀赋给定,这些禀赋结构决定了一国在某一发展阶段具有比较优势的产业,比较优势的产业结合合适的基础设施和一定的制度安排,便转化为一国的竞争优势产业,这种发展结构便是最好的结构。最后,林毅夫教授鼓励与会者尤其是年轻学者加入新结构经济学的研究当中,探究无止境的原创理论创新。

博弈中的功能性语言

美国加州大学圣迭戈分校经济系乔尔·索贝尔教授围绕博弈中的功能性语言发表演讲,他指出,交流是经济学研究中十分重要的一个方面,与会学者在这两天会议所做的演讲表明博弈论对于研究某些问题是十分有用的工具,它可以帮助我们将交流信息和策略性互动联系起来。交流不仅仅对经济学是非常重要的,对其他人文社会科学也非常重要。然而,博弈论只关注交流双方的策略互动,忽视了对影响交流其他方面的考虑。幸运的是,语言在我们所构建的基本"空谈博弈"模型中的均衡里承载了信息含义;不足的是,现实中语言含义在均衡实现之前就已发生作用。哲学家和语言学家也研究交流的功能,所以经济学研究应能够从哲学和语言学研究中借鉴思考,用博弈论方法进一步研究语言的功能。

索贝尔教授就功能性语言未能被经济理论刻画的方面给出了一个展望,并分别介绍了三位语言哲学家:保罗·格莱斯(Paul Grice)、约翰·奥斯汀(John Austin)和罗曼·雅各布森(Roman Jakobson)。这三位语言哲学家关于语言提出了诸多有趣的问题,可以启发学者对语言和交流功能进行思考。格莱斯提出了语言交流的准则,奥斯汀给出了语言应用的主要理论,雅各布森提出了语言的六种功能。这些要素给交流的标准博弈方法带来了困扰和挑战，理由是经济学方法难以真正纳入雅各布森所说的语言功能。索贝尔教授分三部分依次介绍了三位语言哲学家对语言交流的研究成果，讨论了如何将语言丰富的功能引入经济学分析框架，深入探讨了在多大程度上可以用经济理论刻画语言的功能性。

第一部分，格莱斯认为，为保证语言交流的顺利进行，交流双方应遵循某些基本原则。索贝尔教授列举了诸多生动的例子，为我们展示了语言背后的含义和不同的解读在"空谈博弈"策略决策中的作用。索贝尔教授指出，根据这些原则可以从语言中得出更多的信息，从博弈论的角度，这些原则包含了对偏好的假设和对均衡行为的描述。因此语言哲学家的成果为我们理解交流提供了启发，同时应用博弈论方法也可进一步研究语言交流的功用。

第二部分，奥斯汀指出了语言的表现性（performance），即语言不仅传递信息，也是一种有影响的行为。比如婚礼仪式本身是一个重要的行为。根据不同的语力，奥斯汀从一个完整的言语行为理论中抽象出三种行为：叙事行为（locutionary act）、施事行为（illocutionary act）和取效行为（perlocutionary act）。在传统的博弈模型中难以区分谎言（lie）和欺骗（deceive）的定义，索贝尔教授根据奥斯汀对言语行为的分类给出了两者的一个区分标准。

第三部分，雅各布森提出了语言的六种功能：指称功能（referential）、诗意功能（poetic）、情感功能（emotive）、意动功能（conative）、交际功能（phatic）、元语言功能（metalingual）。那么这六种功能能为经济理论带来哪些启示和推进呢？索贝尔教授认为，"空谈博弈"模型留下了两方面的问题：（1）语言可能不会影响信息的传递，比如语种不同也可能顺利传递信息；（2）语言的方式会影响均衡结果，比如有积极动员能力的领导者更易成功。这六种功能有助于我们在生活中更全面地认识语言的作用，但是在标准的博弈模型中我们尚不能区分表现出这些功能。最后，索贝尔教授总结认为现实的观察可能会超越标准模型所能揭示的理论，这恰恰给经济学理论创新带来了新的挑战和机会。

策略性信息传递平行论坛

策略性信息传递国际研讨会上，来自美国西北大学的沃西切·奥尔塞夫斯基（Wojciech Olszewski）教授、加州大学圣迭戈分校经济系的胡培康（Peicong Keri Hu）博士、复旦大学经济学院的章奇教授及北京大学经济学院的刘政文博士分别作了"一个关于迭代序列收敛性的结论及其在最优反应动态调整上的应用""同时披露信息对序贯披露信息""隐藏信息、授权与棘轮效应""禀赋、技术选择和产业结构变迁"的演讲。香港科技大学林佑英教授、加州大学圣迭戈分校经济系王岳辉（Yuehui Amber Wang）博士及香港浸会大学柯荣柱教授在次日上午的会议中分别作了"'空谈博弈'中的斡旋：一个实验""成本更低的'空谈博弈'"以及"利用非一阶条件方法对信息系统进行排序"的演讲。香港浸会大学罗丕宇（Pei-yu Melody Lo）教授和巴黎第九大学西达莎·戈登（Sidartha Gordon）教授分别在下午的会议中作了"发送者－接受者博弈中的学习"和"畏首畏尾抑或动辄开枪的顾问：何时终止最为合适"的演讲。

奥尔塞夫斯基教授在演讲中指出：迭代序列收敛性定理在经济学中得到了广泛应用，即当迭代函数 $f:[0,1] \to [0,1]$ 递增时，迭代序列收敛；进一步地，若函数 f 连续，则该序列将收敛到一个不动点。奥尔塞夫斯基教授将这一定理推广到了多维空间的情形，即 $f:S \subset [0,1]n \to S$。奥尔塞夫斯基教授将推广后的迭代序列收敛性定理应用到了文森特·克劳福德（Vincent Crawford）和乔尔·索贝尔在1982年提出的"空谈博弈"模型以寻找该模型最优反应动态调整的收敛值。推广后的迭代序列收敛性定理应用非常广泛。例如，它可以用于霍特林模型、双寡头模型等其他经济模型。

胡培康博士在演讲中讨论了当存在多个信息披露者的情形时，同时披露信息和序贯披露信息对信息接收者最终决策所造成的影响。在一个决策者可以接触到多个专家（顾问）的环境中，尽管专家们掌握完全相同的信息集，但专家们不同的利益偏好决定了他们会披露不同的信息。专家们所披露的信息量越多，会给决策者带来越多的效用。胡培康博士指出，同时披露信息情形下通常存在多重均衡，迭代删除弱占优策略后剩下的唯一均衡对专家来说是最优的，但对决策者来说并非最优。当决策者可以依次咨询专家时，若决策者能够选择咨询顺序、能够多次咨询同一专家，并且可以做出何时结束咨询的承诺时，则序贯信息披露可以实现和同时信息披露完全相同的结果。然而，若以上三点不能同时保证时，相对于同时披露信息，序贯披露信息会给信息接收者带来更差的结果。

章奇教授在演讲中基于苹果公司创始人和董事长史蒂夫·乔布斯（Steve Jobs）和当时的百事可乐总裁约翰·斯卡利（John Sculley）的案例，分析了企业内部的最优授权和企业绩效之间的关系。章奇教授指出，由于信息不对称，企业授权中可能出现"分离均衡""半分离均衡"或者"混同均衡"；当"半分离均衡"或"混同均衡"实现时，棘轮效应就会产生，从而不利于企业实现良好的绩效。

刘政文博士在演讲中指出，传统经济学假设产业的生产函数为外生给定；然而，在不同国家的不同发展阶段，同一产业的资本份额呈现出巨大的差异性。刘政文博士在演讲中构建了多产业一般均衡模型来讨论产业的结构变迁和产业的技术选择问题。这一模型中厂商不仅可以选择原材料数量，还可以选择产业的生产技术。模型发现：资本禀赋的增加会降低资本价格，增加行业的资本密集度，并导致产业结构由劳动密集型向资本密集型转变；同时，技术选择非常依赖于资本和劳动之间的替代弹性。刘政文博士演讲中的反事实分析表明，由资本积累推动的技术更新较大地加速了从劳动密集型到资本密集型的产业结构变迁。

林佑英教授在演讲中认为，由于信息接收者拥有先验的信息偏差，"空谈博弈"中信息接收者并不一定会完全按照贝叶斯规则更新信念。基于上述假定，林佑英教授表明，和传统的贝叶斯更新下的"空谈博弈"一样，非贝叶斯更新下的"空谈博弈"也存在对信息区间进行分割的均衡。然而，与传统的贝叶斯更新下的"空谈博弈"的本质区别是，当信号发送者和接收者的偏好不一致程度小于先验偏差程度时，非贝叶斯更新下的"空谈博弈"存在唯一的均衡，该唯一的均衡可以诱使信号接收者选择所有应该实现的行动；并且，这个唯一均衡帕累托占优于其他均衡。林佑英教授进一步证明了当存在先验偏差时，按照 Crawford and Sobel（1982）的观点，采用直接交流是最有效的信息传递方式。林佑英教授代表亚利桑那大学经济系主任安德烈亚斯·布鲁姆（Andreas Blume）教授在演讲中验证了有斡旋的"空谈博弈"的理论结果。理论表明：调解斡旋具有改善信息共享的功能，布鲁姆教授等则试图通过实验来验证这种功能在现实中是否可以实现。布鲁姆教授等发现斡旋可以鼓励博弈参与者采用分离均衡策略。博弈参与者通过直接交谈实现的是混同均衡，而通过斡旋则可以实现分离均衡，这一差异使得斡旋博弈相比直接交谈更有优势。实验结果相对理论预测的均衡结果出现了对称的偏离，表现为初始轮次实验中信息发送者在直接交流中过度传递信息，在有斡旋的"空谈博弈"中则是信息交流不足；并且，信息接收者在直接交谈和有斡旋的"空谈博弈"中都存在过度信息解读。

王岳辉博士在演讲中汇报了"成本更低的'空谈博弈'"的研究成果。王岳辉博士观察到新媒体尤其是自媒体的发展大大降低了人们交流发声的成本，由此引出了三个经济学问题：（1）为什么人们对于新闻媒体的信任程度出现下降？（2）尽管新媒体的可信度在降低，为何人们仍大量通过社交媒体搜寻信息？（3）既然人们不信任新媒体消息，那为何信息发送者还会选择继续提供信息？王岳辉博士将交谈的固定成本引入"空谈博弈"理论模型，并且允许信息发送者自己去选择不提供信息，从理论上回答了上述三个问题。理论给出的解释为：（1）如果信息发送者和接收者的目标不一致，那么发送信息固定成本的降低会导致沟通质量的下降；（2）拥有不确切或偏误信息的信息发送者更愿意提供信息；（3）信息发送者可能偏好成本更低的交流技术而不是最大化交流效率的技术。

柯荣柱教授在演讲中汇报了不使用一阶条件对信息系统进行排序的新方法，这一方法应用基于似然比的凸线性排序条件（convex-linear order），相对一阶条件在求解多重激励相容约束时更为有效可行。根据这一新方法，诺贝尔经济学奖得主本特·霍姆斯特诺姆（Bengt Holmstrom）的充分统计标准仍然有效；然而，当一阶方法无效时，Kim 的均值保持扩展标准不再稳健。因此，柯荣柱教授提供了多种在全局激励相容约束下仍然有效的新标准。特别是，该研究证明了当信号为一维并满足单调似然条件时，著名的布莱克韦尔判定准则的必要性仍然得到满足。

罗丕宇教授在演讲中将适应性学习的概念引入发送者－接收者博弈中。在以往规范型博弈的文献中，博弈的参与者从一个任意的行动集开始学习，罗丕宇教授演讲中的研究关键设定是学习从特定的策略（信息的字面含义）出发。博弈中，发送者的消息包含字面含义，接收者根据其对含义的解读做出最优的反应。罗丕宇教授演讲中的研究通过适应性学习刻画了博弈参与者的策略性理性行为，主要结果表明，如果传递的信息足够丰富，那么博弈均衡将收敛到克劳福德－索贝尔（Crawford-Sobel）模型中信息量最大的均衡，同时传递的信息量可能和语言丰富程度不构成单调的关系。

西达莎·戈登教授在演讲中报告了最优停止时间问题中的信息设计。最优停止时间问题可应用于多种信息传递背景，比如何时进入/退出市场、何时开始投资、何时开展改革等。信息发送者基于与其所获得的报酬相关的随机过程来控制信息发送，信息接收者决定何时停止接收信息。由于信息发送者和信息接收者之间的利益不一致，信息接收者可能面对的是一个畏首畏尾的顾问，也可能面对的是一个动辄"开枪"的顾问。因此，信息接收者需要决定何时停止接收信息。戈登教授利用马尔可夫均衡概念，分别研究了信息接收者暂时承诺和完全承诺设定下的不同均衡结果。研究结果表明：当信息接收者将要停止接收信息时，当时的信息流应恰好等于使其愿意继续等待接收时的信息流；并且，相对于暂时承诺，完全承诺不一定能够给信息接收者带来更好的均衡结果。

【主讲人简介】

乔尔·索贝尔，加州大学圣迭戈分校经济系教授、美国艺术与科学院院士、世界计量经济学会院士、全球顶尖经济学刊物《计量经济学杂志》联合主编（2012—2015）和主编（2015—2019）、全球顶尖经济学刊物《美国经济评论》联合主编（2009—2010）、"空谈博弈"理论联合创始人。"空谈博弈"理论和2001年诺贝尔经济学奖得主迈克尔·斯宾塞（Michael Spence）的"就业市场信号发送"理论异曲同工，两者都认为信息传递有助于降低信息发送者和信息接收者之间的信息不对称程度。然而，"空谈博弈"理论和"就业市场信号发送"理论之间又有着本质的区别：前者假设信息发送（例如空谈）不会给发送者带来直接的成本，而后者则假设信息发送者需要为自己所发送的信号（例如文凭）承担直接的成本。

林毅夫，北京大学经济学院博士生导师、北京大学新结构经济学研究院院长、英国科学院外籍院士、发展中世界研究院院士（原第三世界科学院院士）、世界银行高级副行长兼首席经济学家（2008—2012）、新结构经济学创始人。新结构经济学是以现代经济学方法来研究在经济发展过程当中决定结构（包括影响劳动生产力的产业结构和技术结构，以及影响交易费用的硬性的基础设施和软性的制度安排的结构）和结构演变因素的经济学。

2019 亚太创新国际会议

镜头：2019 亚太创新国际会议与会人员合影

> **题 记**

2019 年 10 月 10—11 日，2019 亚太创新国际会议（2019 Asia-Pacific Innovation Conference）在北京大学经济学院成功举办。本次会议由北京大学经济学院与亚太创新协会合作主办，主题为"人口老龄化时代下的创新"（Innovation in an Era of Population Aging）。大会汇聚了百余位来自世界各地创新研究领域的学者和师生，围绕创新研究进行了深入而富有成效的讨论。

在充满挑战的国际背景下，技术创新在亚太经济发展与区域合作中正逐渐发挥重要作用，本次会议围绕"人口老龄化时代下的创新"这一主题展开讨论，共邀请了7位创新领域内的知名教授进行主旨演讲，并组织了17个平行专题讨论。清华大学五道口金融学院副院长、九鼎金融学讲席教授田轩博士首先在北京大学经济学院东旭学术报告厅为全体与会者发表了题为"公司创新的研究前言"（Research Frontier on Corporate Innovation）的主旨演讲。田轩教授指出企业创新对经济发展和增长的重要性，通过回顾《金融会计》等顶级杂志近20年来发表的文章，发现企业创新越来越多地得到学者的关注。田轩教授向与会者详尽细致地介绍了从公司金融角度出发的企业创新方面的前沿研究，试图更立体地回答什么样的企业、什么样的市场结构，以及什么样的监管治理体制更加有利于企业创新。最后，田轩教授提出中国的企业创新行为及其决定因素是值得研究者关注的"金矿"，期望更多的经济、金融和管理学者对这一问题进行深入剖析。

之后，德国慕尼黑大学马克斯普朗克创新与竞争研究中心主任迪特玛·哈霍夫（Dietmar Harhoff）教授进行了题为"科技水平与创造发明的价值"（Science Quality and the Value of Inventions）的演讲。哈霍夫教授从交叉学科和技术发展之间的关系入手，通过比较技术发明和科学研究论文后发现：高影响力的技术发明更倾向于引用质量更高的科学论文；引用高水平科学论文的技术发明从某种程度上来说确实有着更高的价值；而更高价值的技术发明从图谱上来看，确实离科学论文也更加接近；交叉学科在一定程度上提升了专利技术的价值。哈霍夫教授随后表示，科学和技术发明对人类社会的长期影响将是创新领域未来的一个热门研究方向。

北京大学国家发展研究院讲席教授张晓波进行了第三场主旨演讲，主题为"从中国制造到创新中国"（From "Made in China" to "Innovated in China"）。张晓波教授首先回顾了改革开放以来我国经济取得的举世瞩目的成就，分析了市场导向、低工资与人口红利对经济增长做出的贡献，结合现实指出以往的发展模式无法长期持续，当下中国企业正面临着"升级还是倒闭、远走他国还是进军内地"的选择。张晓波教授利用历史和跨国数据向与会者阐明，中国企业的专利增长并不是不寻常的，并且其专利质量也在不断提升。随后，张晓波教授介绍了创新和工资、关税、补贴、公司规模、税率等因素之间的关系。张晓波教授认为促进创新的产业政策固然有利，但还有很大的改善空间。

大会主题讨论涉及创新研究的各个方面，包括创新与知识溢出、知识产权保护、企业战略、大学创新与技术转移、专利审查与评估、中国的创新与专利审查、药物创新与发展、人力资本与创新等。与会者围绕理论、制度、政策等方面与报告人进行了深入的探讨。澳大利亚墨尔本大学保罗·詹森（Paul Jensen）教授、美国宾夕法尼亚州立大学雷震教授、印度德里大学经济学院苏尼尔·坎沃（Sunil Kanwar）教授、北京大学经济学院王熙助理教授等主持了平行论坛。

中国科学院大学信息管理与技术创新研究中心主任柳卸林教授和美国加州大学圣迭戈分校约书亚·格拉夫·齐文（Joshua Graff Zivin）教授分别为全体与会者作了题为"中国的自主创新战略成果"（Can Indigenous Innovation Strategy Make China an Innovative Country（2006—2020）？——An Institutional Logic Approach）和"开创性创新的激励机制"（Incentives for Breakthrough Innovation）的主旨演讲。柳卸林教授首先分析了国家和市场对于自主与创新的需求，他指出，《国家中长期科学和技术发展规划纲要（2006—2020年）》实施以来，中国的科研创新整体取得了进步，成果斐然。他继而从院校科研、论文专利、国有企业和民营企业创新、行业创新等方面分别分析了我国创新产出的趋势和特点。最后，柳卸林教授总结，自主创新的政策在近15年来取得了阶段性的成果，而自主创新的主体也经历着由中央到地方、从政策引导到市场自发、由科研机构和国有企业到民营企业的转变。

在"开创性创新的激励机制"的主旨演讲中，齐文教授先回顾了历史上对独家技术的回报方式，继而探讨了科研领域的激励机制。齐文教授探讨了开发（exploitation）和探索（exploration）的不同，并以霍华德·休斯医学探索计划为例，阐述如何激发突破性研究成果。齐文教授还探讨了学术中更新换代的问题，认为更频繁的更迭能够促进开创性成果的出现。

同日下午在平行论坛结束后，英国伦敦政治经济学院马克·尚克曼（Mark Schankerman）教授和澳大利亚斯威本科技大学贝丝·韦伯斯特（Beth Webster）教授分别作了题为"改善创新生态，促进中国经济增长"（Promoting an Innovation Ecosystem for Economic Growth in China）和"创造财富：经济如何增长"（Creating Wealth: How Economics Grow）的主旨演讲。尚克曼教授在开场指出，中国目前处在从创新消费国向创新生产国转变的过程中。在拥有丰富的以科学家和工程师为主体的人力资源的基础上，如何建立良好的制度环境和激励机制，孕育"创新生态"（innovation ecosystem），成为中国发展为高科技强国道路上的核心问题。尚克曼教授根据世界主要高科技强国的发展经验，将"创新驱动的发展"（innovation driven development）经验归纳为金融、熊彼特动态（Schumpeterian Dynamics）、大学的科技成果转化、企业间的技术转移、有效的研发扶持政策和有效的专利审查制度六个方面。演讲最后，尚克曼教授总结道，创立和维护良好的创新生态绝非易事，是一个需要良好的制度政策设计并培育私人部门信心的长期过程。政府应当从整体视角考虑上述各项政策制度，以政策组合的形式推动创新生态的建设，有充分的勇气把政策聚焦在制度环境建设上，孕育创新创业的社会氛围和思想理念，推动整体的经济增长。

在题为"创造财富：经济如何增长"的主旨演讲中，贝丝·韦伯斯特教授在开场首先通过韩国和德国的数据对比，指出传统经济学框架下的自然资源丰裕程度和人口受教育程度等显性因素并不能全面解释自工业革命以来人类社会生产力的巨幅增长。韦伯斯特教授认为，互补性投入（complementary inputs）、投资者信心（investor confidence）和对知识的认知（knowing about knowing）共同作用导致了不同国家不同的发展结果和财富水平。在演讲最后，韦伯斯特教授提出了未来人类要实现创新式增长的四条途径：三角化信息（triangulate information）、长期关系（long-term relationships）、面对面学习（peer-to-peer learning）和稳定的政策（stable policies），旨在从强化"无形因素"、构建良好创新生态、提升创新软性效率角度促进经济增长，以创新创造财富。

技术变革、劳动力市场与收入分配国际学术研讨会

镜头：技术变革、劳动力市场与收入分配国际学术研讨会与会人员合影

> **题 记**

2018年4月13—14日，技术变革、劳动力市场与收入分配国际学术研讨会（PKU-CEA 2018 China Conference on Technological Change, Labour Markets and Income Distribution）在北京大学经济学院泰康厅举行。会议由北京大学经济学院与中国留欧/留英经济学会（CEA Europe/UK）、曼彻斯特大学经济学系等单位合作举办，来自北京大学、中国人民大学、北京师范大学、中央财经大学、曼彻斯特大学等国内外大学的近八十位经济学者和学生参会研讨。

为实现经济与社会的充分、平衡发展，中国政府的长期发展规划提出将使中国经济的发展模式从投资和出口驱动转型为创新和技术驱动；规划的另一个重要目标则是促进收入的合理分配，全面消除贫困。本次会议主题对以上问题进行了深入讨论。英国帝国理工学院科林·瑟特尔（Colin Thirtle）教授，伦敦国王学院珍妮弗·皮埃斯（Jenifer Piesse）教授，曼彻斯特大学库纳尔·森（Kunal Sen）教授、因德拉尼尔·杜塔（Indranil Dutta）教授和王晓兵（Xiaobing Wang）教授，澳大利亚新南威尔士大学纳纳克·卡克瓦尼（Nanak Kakwani）教授，加拿大约克大学马蒂亚斯·科特斯（Matias Cortes）教授，亚洲开发银行 Hyun H. Son 博士，北京大学夏庆杰教授，中国人民大学赵忠教授，对外经济贸易大学朱胜豪教授，北京师范大学万海远教授等16位海内外专家学者围绕劳动力市场、收入分配领域的前沿专题进行了学术报告。

主题演讲中，新南威尔士大学的纳纳克·卡克瓦尼教授报告了他的研究成果"增长模式如何影响中国农村贫困？"（How Dose the Pattern of Growth Impact Poverty in Rural China?），提出了经济增长、绝对贫困、贫困增长等概念的度量方法，并测度了中国农村的发展状况。他指出，工资收入的增长是中国农村消除贫困并快速发展的主要来源。北京大学夏庆杰教授报告了他的研究成果"中国经济改革回顾：基于历史的角度"（A Review of China's Economic Reform: A Long Historical View），从历史的角度回顾了中国经济改革历程，指出在改革开放之前，中国具有统一安全的环境、强有力的政府、基础教育与高等教育体系等，这些都为成功实现工业化做好了充分准备。曼彻斯特大学因德拉尼尔·杜塔教授报告了他的研究成果"贫困脆弱性的度量：基于计数方法"（Measuring Vulnerability to Poverty Using the Counting Approach），他认为在贫困脆弱性（vulnerability to poverty）的相关研究中需要重点关注脆弱性的识别问题。基于此，他借助理论模型和案例提出了进行识别过程时应当遵循的三个规则和公理，并进行了实证检验。北京大学的冯达博士报告了他的合作研究成果"中国农村社区公共支出的差异性影响评估"（An Evaluation on the Differential Impacts of Community-based Public Expenditure in Rural China），从两个维度估计了不同种类的财政支出对于富裕家庭和贫困家庭的影响，指出财政支出在一定程度上有利于家庭的生计，但是对富裕家庭和贫困家庭的福利情况有不同的影响。

约克大学的马蒂亚斯·科特斯教授报告了他与合作者的工作论文"明星企业的发展与工资不平等"（The Rise of Superstar Firms and Wage Inequality），指出就业的重新分配在一定程度上导致了工资收入的不平等，但不平等的扩大主要源于增长企业内部的工资变化。中国人民大学赵忠教授报告了他与合作者的研究成果"自动化技术与中国就业结构：基于1990—2015年的数据"（Automation Technology and Employment Structures in China: 1990 to 2015），利用1990年、2000年和2010年的三次全国人口普查数据以及2005年与2015年的两次全国1%人口抽样调查的数据，分析了自动化技术对中国就业结构的影响。帝国理工学院科林·瑟特尔教授报告了他与合作者的研究成果"葡萄酒生产效率：南非新老地区比较研究"（Efficiency in Wine Grape Production: Comparing Old and New Regions of South Africa），分别利用随机前沿分析、数据包络分析（DEA）和 DEA-Malmquist 方法分析了新旧葡萄酒农场的技术效率、规模效应和全要素生产率。研究结果发现葡萄酒酿造技术变革缓慢，农场的规模经济效应并不显著。中国人民大学毛宇飞博士报告了他与合作者的研究成果"互联网使用能否减少城市居民与移民之间的收入差距——来自CGSS数据的研究"（Does Internet Use Reduce the Income Gap between Urban Residents and Migrants? Evidence from CGSS Data），指出互联网使用可以促进收入增长，其对城镇职工的影响更大，这也将进一步扩大两个群体的收入差距，但随着农民工经济地位的提升，互联网的使用将有利于缩小收入差距。

曼彻斯特大学库纳尔·森教授报告了他与合作者的研究成果"库兹涅茨是否正确——结构转型与不平等关系的新证据"（Was Kuznets Right? New Evidence on the Relationship between Structural Transformation and Inequality），讨论了结构转型与不平等之间的关系。他指出，由制造业驱动的结构转型显著降低了不平等，而由服务业驱动的结构转型对不平等的影响则随结构转型程度的不同而不同。对外经济贸易大学朱胜豪教授报告了与合作者的研究成果"逆向选择与收入分配"（Adverse Selection and Income Distribution），研究了信息摩擦对收入分配的影响，发现信息摩擦可以通过信息租金、最优合同和基本收入等三种影响渠道扩大收入不平等。中央财经大学李银银博士报告了他与合作者的研究成果"农村税费、再分配与收入不平等"（Taxation, Redistribution and Inequality in Rural Areas），指出农村费用的调节与降低改善了中国农村的收入分配，取消农业税并不会对收入差距产生显著影响；教育程度和收入水平更高的家庭将更多从农村公共支出中获益，这进一步加剧了收入的不平等。北京师范大学收入分配研究院沈扬扬研究员报告了他与合作者的研究成果"所得税改革对中国不平等和福利的影响"（Reform for the Better? The Impact of Income Tax Reforms on Inequality and Welfare in China），指出农业税的取消缩小了城乡收入差距，而所得税改革则相对扩大了收入差距。

伦敦国王学院珍妮弗·皮埃斯教授报告了她与合作者的研究成果"南非后种族隔离时代葡萄酒行业的劳动力需求"（Labour Demand in the Post-apartheid South African Wine Industry），发现南非葡萄酒产业劳动力的需求变化主要受到葡萄酒价格的影响，而与劳动法律无关。亚洲开发银行的 Hyun H. Son 博士报告了她的研究成果"亚洲发展中国家的机会不平等"（Inequality of Opportunities in Developing Asia），探讨了在亚洲的一些发展中国家机会不平等与基础教育以及基础设施建设之间的联系，并提出了若干针对性措施。北京师范大学收入分配研究院万海远教授报告了他的研究成果"最低工资制度对工资增长和工资分布的影响"(Minimum Wage Regulation on Wage Growth and Wage Distribution),发现最低工资制度对未受过训练的工人带来了替代效应,对于低收入工人的影响并不如预期。英国曼彻斯特大学王晓兵教授报告了他与合作者的研究成果"中国最低生活保障制度(低保)政策的有效性评估"[Evaluating the Effectiveness of the Rural Minimum Living Standard Guarantee (Dibao) Program in China],指出中国的低保政策在减少贫困方面有显著作用,但是该项制度的运行成本巨大。

量化历史研究国际年会

镜头：量化历史研究国际年会与会师生合影

> **题 记**
>
> 受教育部高校重点引智项目的特别资助，2016年7月6—16日，第四届量化历史研究国际年会暨第四届量化历史讲习班在北京大学经济学院开班。量化历史研究国际年会由北京大学经济学院、耶鲁大学管理学院共同主办，量化历史讲习班则由北京大学经济学院和北京大学量化历史研究所共同组织。

长期以来，北京大学经济学院注重历史和经济学理论相结合（"史论结合"）的研究传统，以此更好地服务于现实经济的需要。在此背景之下，北京大学经济学院、耶鲁大学管理学院共同主办了第四届量化历史研究国际年会，旨在推动学科的进步，进一步推进北京大学经济学院经济史学科的发展。本次量化历史研究国际年会汇聚了国内外经济史领域的一流学者，包括哈佛大学副教务长彼得·波尔（Peter Bol）教授、哈佛大学经济史学系埃里克·钱尼（Eric Chaney）副教授、牛津大学经济史学系凯文·奥罗克（Kevin O'Rourke）教授、耶鲁大学教授兼北京大学经济学院特聘教授陈志武、圣塔克拉拉大学经济系克里斯·米切纳（Kris Mitchener）教授、伦敦政治经济学院马德斌教授、香港科技大学经济与工商管理学院龚启圣（James Kung）教授、澳门大学历史系茅海建教授、清华大学人文学院龙登高教授、北京大学经济学院管汉晖教授、上海交通大学历史系曹树基教授、北京师范大学地理科学学部方修琦教授、山东大学经济学院陈强教授、上海财经大学经济学院李楠教授、河南大学经济学院彭凯翔教授、哈佛大学包弼德教授（Prof. Peter K. Bol）。会议期间，这些知名学者与量化历史讲习班的一百七十多名学员一起，共同探讨量化历史的研究方法和重要议题。

牛津大学凯文·奥罗克教授从宏观视角讲述了工业革命与东西方大分流及早期的全球化历史。奥罗克教授首先通过历史的价格数据来说明早期的全球化过程，并从贸易及煤炭两个因素分析了工业革命与东西方大分流形成的原因。他指出，贸易是工业革命得以维持的重要条件，而煤炭是工业革命最为重要的能源条件。工业革命与东西方大分流是基于特定的历史条件和外部冲击（例如黑死病）的特定产物，工业革命所带来的技术进步是对马尔萨斯人口理论的突破，是经济增长的关键动力。随后，奥罗克教授就19世纪全球化整合与反对浪潮进行了深入分析。他首先介绍了两种古典贸易理论，并就基于资源要素禀赋的不同而进行贸易的H-O模型进行了更为详细的阐述。在CGE模型的基础上，奥罗克教授通过实证计量为同学们解释了反全球化背后的经济因素——对资源要素禀赋较差的贸易方而言，其要素所有者的利益因为全球化而受到损害。随后，奥罗克教授从金本位的视角解释了两次世界大战之间的世界经济和贸易状况，论证了金本位下的经济紧缩导致了贸易保护主义，并通过英国、阿根廷（高关税）和加拿大（低关税）之间的贸易情况检验了关税对于贸易的影响。基于以上讨论，奥罗克教授提出了"经济体系应当增强对不利冲击的应对和消化能力"的建议。

香港科技大学龚启圣教授围绕科举制对社会发展的长期影响展开了论述。作为中国历史上持续时间长达一千三百多年的制度，科举制度对于当代人力资本的积累是否发挥了积极的作用？面对频繁的朝代更迭，是什么确保科举制的影响能够一直持续至今？龚启圣教授指出，以辖区进士人数为自变量，受教育时间为因变量，在控制了经济水平、外生冲击、地理因素等一系列变量后可以发现，科举制对于当代人力资本积累具有显著影响。在使用工具变量及一系列稳健性检验后，该结论仍然成立。接着，龚启圣教授对于科举制持续发挥影响的作用渠道进行了深入分析，经过实证检验发现人力资本的积累和文化因素是导致科举制影响持续存在的重要原因，这样的影响因为宗族的存在得到强化，却会因为文化变革而受到削弱。

哈佛大学埃里克·钱尼副教授针对中世纪伊斯兰世界和西欧政治制度分歧的原因发表了演讲。钱尼副教授认为，文明的消长与王权势力强弱有关，当王权受到的限制较多时，贵族的谈判力量更强，民主化制度的更迭更有可能发生。钱尼副教授通过实证考察了中世纪西欧与伊斯兰世界的君主在位时间变化，发现西欧的君主在位时间在发展中逐渐超过伊斯兰君主，并在公元

790 年左右出现一个明显的断裂，此后君主在位时间显著增长。据此，钱尼副教授认为，西欧的崛起在中世纪土地贵族的兴起时期就已经埋下了种子。为理解宗教对政治权力的影响，钱尼副教授以尼罗河的水位变化为切入点实证检验了"尼罗河冲击"对宗教领袖政治权力大小的影响与该影响发生的渠道，指出在对民众的协调控制能力达到更大需求的时期，宗教领袖会拥有更大的政治权力。

圣塔克拉拉大学克里斯·米切纳教授的演讲题目为"从历史的角度看汇率制度选择与贸易"（Exchange-rate Regime Choice and Trade in Historical Perspective）。米切纳教授从世界各国目前汇率制度的选择情况和历史演变出发，分析了各种汇率制度的优劣，并拓展分析了现在欧元区的形成和表现的问题。此外，米切纳教授还详细阐述了历史上帝国主义制度对贸易的影响。随后，米切纳教授围绕"主权债务：汲取历史的经验"（Sovereign Borrowing: Are there Lessons from History）展开了分析。他指出，欧债危机并非新产生的事物，之前的阿根廷债务危机，甚至更久远之前都有类似的主权债务违约故事，主权债务本身的特殊性就决定了违约一旦发生会带来更大的问题。围绕这一问题，米切纳教授分析了强制执行对解决主权债务问题的作用。

伦敦政治经济学院马德斌教授围绕"中国历史生活水平：真实工资和其他方法"（Historical Chinese Living Standards: Real Wage and Other Approach）展开讨论。马德斌教授介绍了中国历史上真实工资这一问题的研究动机、相关背景和有关研究，并就学员们关注的如何衡量真实工资等问题作了详细阐述。最后，他介绍了平均身高和经济发展情况的关系这一经济史中的常用研究方法。

会议期间，学者们除了分享自己的最新研究成果以及国际学术研究动态，还专门开设了量化历史研究方法和数据应用的课程，以帮助同学们增强技术应用能力。山东大学陈强教授以"计量经济学及 Stata 入门"（Econometrics and Introduction to Stata）为主题对如何理解计量经济学以及如何进行基本的

Stata 操作进行了详细讲解。讲座内容涵盖了单变量的统计分析、双变量的相关分析、多变量的回归分析，内生性与工具变量法以及面板数据等计量经济学基础知识，同时结合具体实例演示 Stata 操作。承接陈强教授对计量经济学基础知识的梳理，上海财经大学李楠教授以"量化历史研究中的自然实验：方法与应用"（Nature Experiments in Quantitative History Research: Methods and Applications）为主题进行了量化历史方法的第二讲。李楠教授首先强调了自然实验在社会科学研究中的重要性：一是在方法论技术方面，自然实验可以帮助剔除计量模型中的四类估计偏差；二是自然实验能够提供特殊的研究环境进行因果关系识别。接下来，李楠教授着重讲解了双重差分模型（differences-in-differences）与断点回归模型（regression discontinuity design）在政策评估中的重要应用。结合具体案例，李楠教授重点讲解了方法设计思想、方法设计历史和方法注意要点。随后，哈佛大学包弼德教授向同学们讲述了如何使用数据、空间、辖区和网络分析进行人物生平信息的收集和整理，介绍了中国人物传记数据库（CBDB）和中国历史地理信息系统（GHGIS）的构建方式和使用方法。当天晚上，包弼德教授亲自带领同学们上机操作，耐心且详细地为同学们示范展示了数据库的使用方法。三位老师对方法和数据应用的细致讲解深入浅出、通俗易懂，不同学科背景的同学们纷纷表示收获颇丰。

总结来看，本次量化历史研究国际年会暨量化历史讲习班对促进经济史学科建设和发展起到了指导性作用，在推动经济史研究的本土化和国际化方面迈出了重要一步：第一，推动了国内经济史研究的进程，鼓励国内的研究者用规范的经济学及其他学科的方法研究中国的历史问题。课程期间，教师注重教授学员如何运用量化分析方法，强化了讲习班同学以及传统历史系的教师等运用量化历史方法和计量工具研究问题的能力。第二，有利于中国的经济史研究与国际接轨，促使国内研究者更好地了解国际经济史学界关心的学术问题。会议及课程期间，教师们侧重于讲授自己最新的研究成果以及国际学术研究动态，采用开放式教学模式，提前给同学们发放阅读材料，让同学们带着问题听课。第三，有助于学术文章的写作规范，引导同学们发现和提出好的经济史问题。课程采取分小组形式，组长负责组织本组同学定期开展课后小组讨论会，不仅使同学们在思维上得到启发，也促进其主动使用量化历史方法研究经济史问题。

量化历史研究国际年会暨量化历史讲习班通过开设暑期课程及组织研讨会的形式，邀请访问学者开设讲座课程，联系有共同学术兴趣的历史和经济学者，建立了一个跨国界的学术交流平台，有助于把北京大学经济学院经济史学科建设成为国内领先、具有国际影响力的学科，把中国经济史的研究成果推向国际舞台。

构建包容高效的国际发展援助与合作体系国际研讨会

镜头：阿玛蒂亚·森教授在研讨会上发表主旨演讲

题记

  2016年2月25日，构建包容高效的国际发展援助与合作体系国际研讨会在北京大学经济学院泰康厅举行。本次研讨会由中国发展研究基金会和北京大学经济学院主办，北京大学经济与人类发展研究中心和北京博智经济社会发展研究所承办。哈佛大学教授、1998年诺贝尔经济学奖获得者阿玛蒂亚·森（Amartya Sen）在会上发表主旨演讲，来自国内外高校、政府机构、国际组织的一百余位嘉宾参会。

构建包容高效的国际发展援助与合作体系有助于解决当今"后危机"时代下困扰许多发展中国家的严重贫困、日益加剧的不平等、社会动荡等问题。在此背景下，构建包容高效的国际发展援助与合作体系国际研讨会顺利召开。来自北京大学、中国人民大学、中国农业大学、联合国开发计划署（UNDP）、亚洲开发银行、南南合作金融中心等机构的二十余位专家学者莅临发言。

卢迈秘书长主持了"审视国际发展援助体系"（Introspection on International Development Aid and Cooperation System）圆桌讨论。上海国际问题研究院张春教授就未来国际发展合作中的若干核心问题进行了发言，中国农业大学人文与发展学院李小云教授围绕国际援助体系构建的历史进程及其在新时期的特征与演变进行了介绍，联合国开发计划署驻华代表处副国别主任芮婉洁女士就国际发展援助体系的现状及中国对外援助体系评估等问题进行了阐述。在互动交流环节，各位发言人详细回答了多位现场听众提出的问题。

随后，哈佛大学教授、1998年诺贝尔经济学奖获得者阿玛蒂亚·森发表了主旨演讲。森教授指出，中国能够很好地将教育、卫生等公共服务资源充分调动起来为社会服务，其发展经验值得世界借鉴。森教授系统梳理和回顾了中国改革开放以来的成功之路，特别强调了重视教育对于中国成功所起到的至关重要的作用。森教授对未来中国经济的可持续增长满怀信心，认为不能用中等收入陷阱来解释目前中国经济发展的放缓。最后，他特别强调，如何将经济增长转化为社会进步是一个值得不懈深入思考的问题，而文化因素在社会发展中也扮演着不可轻视的角色。在问答环节，森教授还就现场听众提出的中等收入陷阱、南南合作等相关问题表达了自己的见解。

随后，中国人民大学重阳金融研究院执行院长王文研究员主持了"国际政治经济秩序调整下的南南合作"（South-South Cooperation in the International Political and Economic Order）圆桌讨论。北京大学经济学院刘民权教授在发言中分析了国际发展援助与合作的现状，以及构建平等高效的援助体系等问题。亚洲开发银行局区域知识共享中心主任于飞女士阐述了亚洲开发银行在国际发展援助与合作方面的经验与实践。北京大学国际关系学院刘海方副教授介绍了其在中国对非援助相关问题上的调研成果。联合国开发计划署南南合作首席专家王晓军博士进行了评论，并就南南合作相关问题表达了自己的看法。

北京大学经济与人类发展研究中心主任夏庆杰教授主持了"G20、国际发展合作与中国对外援助"（G20, International Development Cooperation and China's Foreign Aid）圆桌讨论。友成企业家扶贫基金会副理事长汤敏博士指出，我国对外援助的重点应转移到支持中国企业"走出去"上面。天津大学管理与经济学部张中祥教授围绕G20框架下的国际包容与协调发展及国际公共品供给等问题进行了阐述。随后，与会嘉宾和听众围绕相关问题展开了深入讨论。

中国发展研究基金会研究一部主任俞建拖先生和北京大学经济学院党委书记章政教授分别作了总结发言。俞建拖主任代表中国发展研究基金会向参与筹备本次研讨会的单位和工作人员表示了衷心感谢。他指出，国际发展援助与合作是经常被热议但缺乏充分研究的议题，这次会议讨论深入而丰富，中国发展研究基金会将继续与各界专家学者合作，搭建讨论国际发展援助与合作相关问题的平台。章政教授表示在全程参加本次研讨会后收获颇丰。他强调，国际发展援助与合作应当以高道德门槛下的社会认同为基础，深刻理解和认识援助者的准则、能力与责任。

北京论坛经济政策
◀ 系列研讨会 ▶

  北京论坛（Beijing Forum）是由北京大学、北京市教育委员会和韩国高等教育财团联合主办的国际性学术会议，并得到国务院和教育部的批准指导以及北京市人民政府的大力支持。北京论坛创办于2004年，每年举办一次，以北京雄厚的文化底蕴为依托，致力于推动全球人文社会科学问题的研究，促进世界的学术发展和社会进步，为全人类的发展做出贡献。

  由北京大学经济学院承办的北京论坛（2017）经济分论坛以"变化格局中的经济发展新动力"为主题，来自多个国家和地区及国际组织的三十余位学者汇聚一堂，共同探讨世界格局发展进程中的政治与经济、贫困与援助、贸易与治理以及医疗与健康等发展问题。与会专家围绕"新政治经济学""国际发展援助""'一带一路'与全球经济治理"和"健康中国2030：国际视角下的医疗政策与改革"四个分议题展开了深入讨论。

基于新政治经济学的理论与实践探讨

镜头：部分演讲嘉宾探讨基于新政治经济学的理论与实践

> **题 记**

  2017年11月3日下午，北京论坛经济分论坛在钓鱼台国宾馆10号楼四季厅隆重开幕。第一个分会场"新政治经济学"的上半场讨论由北京大学经济学院秦雪征教授主持。

在世界经济复苏乏力、中国经济"新常态"背景下，中国发展模式的可持续性、发展的新理念与全面建成小康社会之间的关系、如何运用新理念指导经济改革，值得学术界和政策制定者进行深入的探讨。本次论坛为更加深入地探讨这些问题提供了契机，为进一步促进讨论、激发学者研究思路、给政府制定政策提供了建议。

亚历山大·利泽里教授的论文《关于债务和权利立法保护的政治经济学》（The Political Economy of Debt and Entitlement）分析了暂时性实力强大的集团使用政府债务和权利立法保护两个工具分配资源的过程，即债务以跨期的方式转移资源，权利保护以直接分配未来资源为目标。通过将债务和权利纳入政治经济模型，该研究提出了四种观点：第一，债务和权利是策略性可替代的，一方受制时另一方将会增加；第二，如果对部分群体的权利保护未受到制约时，放松对债务的约束有可能提高社会福利，因为若此时控制政府债务，有可能使利益分配更加向少数人倾斜，而公共品供给会下降；第三，债务和权利保护对政治不稳定的反应是反向的，政治不稳定可能会使权利保护的行为内生化，进而使政府的债务被削减；第四，整个社会对公共政策偏好的分化将导致债务和权利保护同时加剧。

布拉尼斯拉夫·斯兰切夫（Branislav Slantchev）教授作了题为"没有行政就没有税收：财政国家产生过程中的财富评估"（No Taxation without Administration: Wealth Assessment in the Formation of the Fiscal State）的报告，他通过模型解释了国家税收的高增长没有与暴力抵制现象同时出现的原因。统治者可以在缺乏胁迫能力和公共品供给能力的情况下，通过对财富情况的判断来制定税收制度，适度地调整税收以避免穷人的暴力抵制倾向及减弱富人的棘轮效应。因此，国家实力的增长可以是其直接行政能力改善的结果，而非中央集权、暴力垄断或者公共品供给带来的。

丹尼尔·特里斯曼（Daniel Treisman）教授在其研究"国际贸易与政治认同：来自盖洛普世界民意调查的全球性证据"（International Trade and Political Approval: Global Evidence from the Gallup World Poll）中基于一百多个国家的面板数据，分析了过去十年来贸易对政治认同的影响，结果发现：高技能劳动密集型产品出口的增长增加了现任政府及高技能个体间的领袖的认可，而这类产品的进口增长则具有相反效果。这一研究结果对贸易的政治后果这一领域的探讨有所帮助，能够从贸易结构的角度解释政治支持的差异，即为什么在一些国家越来越多的贸易被认为是最近民粹主义者对现任精英者的攻击，而在另一些国家对现任精英者的支持保持稳定。

北京大学张鹏飞教授作了题为"古代封建王朝稳定性的动态建模分析"（A Dynamic Theoretical Analysis of the Political Stability in Ancient Feudal Dynasties）的发言。他指出，统治者在执政过程中需委托副手处理部分外部冲击，从而面临"两难选择"：一方面，他需要一个能力强的副手去帮他处理部分外部冲击；另一方面，副手会利用处理外部冲击的机会为自己积累政治资源，进而对统治者的地位构成威胁。张鹏飞教授构建了一个无限期的委托代理模型来分析封建王朝中的统治者和副手之间复杂、微妙的博弈。和经济学中标准的委托代理模型不同，该模型没有假设存在永远的委托人，且模型中委托人（统治者）和代理人（副手）之间的委托代理关系不是永恒不变的。依赖于不同类型外生冲击发生的概率以及外生冲击强度的变化，模型内生地实现五个结果，分别是统治者与副手继续合作、撤换副手、统治者让位、权利冲突和王朝垮台，并通过数值模拟的办法，将模型的分析结果更加直观地呈现出来。

康奈尔大学马可·巴塔格里尼（Marco Battaglini）教授作了"理解公共债务：对政治经济理论的需要"（Political Economy of Public Debt）的发言，提出以公共债务的政治经济理论来解释金融危机以来公共债务的增长，并分别介绍了该理论的要点、对增长的影响及政策经验。巴塔格里尼教授指出，在 Barro（1979）的公共债务理论中，政府采用预算盈余和赤字作为实现税收平滑的缓冲手段。在对政府债券持有规模缺乏特别限制的情况下，政府将逐渐增加其持有的债券，用利息收入为政府支出融资。为了在动态环境下构建政治系统以管理公共债务，巴塔格里尼教授提出构建具有立法协商和不完美平滑特征的动态一般均衡模型，并探讨了该模型的两个作用：一是通过将税收平滑和政治扭曲相结合，该模型为预测债务动态变化提供了分析框架；二是该模型为公共支出的质量评价提供了新的角度，被称为"收缩政府效应"。最后，巴塔格里尼教授探讨了将预算平衡的法律约束作为控制公共债务增长的重要手段所产生的实际效果。

演讲之后的讨论环节中，学者们就外部冲击与内部革命对政权的影响问题深入交换了意见。刘民权教授提出，欧洲和中国的历史上都曾出现过内部起义或革命导致政权崩溃的事件。斯兰切夫教授认为，由于外部冲击现象更为普遍，现有模型尚未对内部冲击现象进行解释和预测。马尔福德·贝特曼（Mulford Bateman）教授与巴塔格里尼教授就政治家在减债问题上存在的非理性问题进行了讨论。

有关国际发展援助的系列问题研究

镜头:与会嘉宾就有关国际发展援助的系列问题研究展开研讨

> **题记**

  2017年11月4日上午,由北京大学经济学院承办的北京论坛经济分论坛之"国际发展援助"在北京大学英杰交流中心阳光厅举行,来自中国、南非、韩国等国的五位嘉宾就国际发展援助、"一带一路"、中非合作等问题进行了演讲与讨论。

北京大学教育学院哈巍教授以"中国援助是否瞄准非洲的自然资源？从海外学术视角讨论"（Does Chinese Aid Target African Natural Resources? Evidence from Overseas Scholarship）为题首先发表演讲。哈巍教授以政府奖学金为切入点，讨论了中国对外援助是否具有西方政治人物和媒体所渲染的新殖民主义行为。新殖民主义认为，中国之所以对非洲进行援助，目的就是使非洲成为中国的原料产地。哈巍教授指出，在过去关于中国对非援助的研究中，所采用的数据多为基于媒体报道所搜集得到的数据，权威性不强，且容易重复计算。哈巍教授的研究则基于官方公布的教育援助的数据，以政府奖学金资助作为切入点，同时加入石油天然气田的发现作为"外生冲击"，利用双向固定效应模型分析了中国政府奖学金与石油天然气产量之间的关系。研究结果表明，无论是能源大发现还是石油天然气产量，对于中国对非教育援助都没有显著的正向影响，也就是说，中国的对非援助并不具有新殖民主义性质。另外，哈巍教授指出，受援国人口以及受援国与中国的建交年限是影响中国对非援助的重要因素。

随后，来自南非约翰内斯堡大学孔子学院的外方院长孟大为（David Monyae）教授发表了主题为"非洲与中国"（Africa and China）的演讲。非洲是一个年轻且有很好发展潜力的地方，但也面临严重的发展瓶颈，例如失业问题严重、农业生产率较低、工业化程度低且严重依赖对外援助。孟大为教授以南非为例，论述了非洲国家应如何谋求独立发展本国的工业化之路，以及中国的发展对非洲有何借鉴意义。他指出，国际货币基金组织片面地认为一国经济发展的核心动力是市场而非国家政府，因此出台了一系列错误的援助政策，导致非洲国家发展缓慢，例如教育融资缺乏。中国的发展道路对非洲发展很有启发。虽然中国没有经历过殖民主义和帝国主义，但中国对非洲的发展发挥了重要的作用，例如在万隆会议期间，中国与非洲国家一起抗击帝国主义、殖民主义；在埃博拉病毒肆虐的时候，中国对非洲抗击病疫发挥了重要作用。目前中国政府提出了"一带一路"倡议，为非洲的工业化发展创造了很好的机遇，非洲通过"一带一路"倡议加入全球价值链，而不是单纯地出口资源。中非之间不是只发展基础设施，更重要的是"一带一路"倡议提高了沿线国家的发展能力，使得非洲的工业化可能出现跨越式的发展，最后实现完全工业化。

韩国庆熙大学申东勉（Dong-Myeon Shin）教授认为，社会保障系统是维护社会公平的重要手段，然而从1997年金融危机以来，韩国的社会保障系统在一定程度上引起了劳动力市场的波动。经过多届政府的改革，韩国目前经济发展缓慢，收入不平等和贫困发生率上升，社保体系也面临一系列问题，如劳动力市场的两极分化问题严重（正式员工与非正式员工）、社会不公平性不断增加、低生育率和老龄化等。他认为，社保政策与劳动力市场紧密联系，不能只关注正规就业人群，还应该关注非正规就业人群，应建立一种动态的社会保障体系管理制度，以加强生产体制和福利体制的协调性、互补性。

日本上智大学约翰·韦斯特（John West）教授发表题为"国际发展援助体系与中国的'一带一路'"（China's Belt and Road Initiative in the Framework of International Development Assistance）的演讲。韦斯特教授指出，在过去的国际发展援助系统中，西方国家占据了主导地位。而中国"一带一路"倡议以及亚洲基础设施投资银行的建立，给国际发展援助系统带来了积极的挑战。"一带一路"倡议有助于增强中国与邻近国家之间的互联互通，促进了亚欧国家和亚非国家的联系，对整个贸易都具有推动作用。亚洲基础设施投资银行的建立则有助于弥补亚洲基础设施投资的巨大缺口。但依然有很多国家、机构表达了对中国"一带一路"倡议的担忧及批评。比如在东非、巴基斯坦等国家的"一带一路"项目中，大量使用中国工人及中国材料，批评者认为当地经济并不能从中获益。另外，一些西方国家认为，"一带一路"倡议并不是多边协议，而是以中国为中心的双边协议，他们批评中国作为主导的一方企图主导参与"一带一路"倡议的国家。韦斯特教授还指出，事实上传统的援助国在国际援助中也常受到批评，中国擅长"边干边学"，相信中国之后会做得更好。

来自克罗地亚普拉的尤拉伊·多布林大学（Juraj Dobrila University of Pula, Croatia）的马尔福德·贝特曼（Milford Bateman）教授的发言题目是"本地企业与本地金融的最佳实践：后新自由主义时期中国际发展援助的作用"（Local Finance for Sustainable Local Enterprise Development: Indentifying Best Practise in a Post-neoliberal World）。贝特曼教授指出，金融机构的发展与经济增长并不是同步发生的，经济增长也并不一定能促进金融部门的发展。事实上，传统金融机构受利益最大化目标的限制很难对地方经济发挥作用，因此国际发展团体应该着力服务于地方企业，为推动自下而上的发展，它们应该关注长期投资的效益，支持那些有创新性、高科技的"对"的企业，增强地方发展能力。中国在此方面有很好的实践，例如摩托罗拉公司进入中国时，中国政府基于该企业提供了财政、税收等多方面的优惠措施，但要求企业要雇用、培训本地员工，对地方发展发挥了积极作用。

"一带一路"与全球经济治理

镜头:与会嘉宾就"一带一路"与全球经济治理问题展开研讨

> 题 记

  2017年11月4日下午,由北京大学经济学院承办的北京论坛经济分论坛之"'一带一路'与全球经济治理"议题研讨在北京大学英杰交流中心阳光厅举行,北京大学经济学院王大树教授担任主持。

"一带一路"倡议是由中国提出的在国家之间开展丰富的经济、技术、文化等方面的合作倡议。该倡议作为渠道之一，可以让发展中国家能够更加自信地找到发展路径，更有效地与世界经济融合。中国的发展经验为世界经济提供了方案，论坛从多个角度探讨了中国经济的热点问题。

来自曼彻斯特大学的黄杏秀（Cecilia Wong）教授首先发表了题为"中国可持续城市化中的整合社区福利计划"（Integrating Community Well-being to Plan for Sustainable Urbanisation in China）的演讲。她指出，城镇化在中国被看作经济发展的驱动力。自2014年中国政府实施"国家新型城镇化规划"以来，中国城镇城市发展战略转向"以人为本和环境可持续"的道路。城镇城市发展一方面要推动城镇化，另一方面要推动经济发展，同时也实现经济生态方面的效益。快速的城镇化为经济与环境双重可持续的新型城市化带来了挑战与机遇。而可持续性的人类定居点需要相应的规划以建立起城乡之间经济、社会、环境之间的良好联系。小康目标的实现不应仅局限于经济和物质文化，还需加入生态文明等社区的福祉。黄杏秀教授分别对北京市中心区、副中心区以及远郊区居民的出行、交通情况及其对公共设施（体育、公园、游乐场所、绿地等）、环境质量的满意度进行了调查。研究发现，总体而言，大部分北京居民对于城市生活质量和生活环境感到满意，对于初级教育的满意度高于中等教育或高等教育，周边郊区居民对通勤的满意度低一些。最后她指出，政府应实施一些激励性的措施，改变公众的态度和行为。

之后，来自韩国高级研究基金会的托马斯·伯恩（Thomas Byrne）先生就"一带一路"进行演讲，主要探讨"一带一路"倡议的实际实施情况、基础设施、投资风险等相关问题。他提到，在探讨地缘政治对于信用风险的影响时，涉及"历史的终结"，事实上历史并没有终结。传统的大国和新兴的政体已经开始崛起，需要找到全球治理的共同路径。"一带一路"在中国的外交与经济发展中有着非常重要的位置。因此，新的丝绸之路精神关注的是连接性、贸易以及文明之间的互相对话。"一带一路"不是中国的马歇尔计划。他提到中国对"一带一路"沿线国家的投资上升，在沿线国家的影响力也逐渐提升。通过双边的贸易互换、货币互换协议，对人民币国际化带来了进一步的推动。他进一步分析了投资对中国的风险：2/3 的沿线国家为欠发达经济体，国家评级都非常低，无法确保收益、还款风险等，除了新加坡，55% 的投资都进入了"一带一路"中具有高风险的国家。他同时引述中国国家发展改革委所强调的减少非理性对外投资，认为"一带一路"对沿线国家治理水平的改善可以通过政策方面的贷款来实现。基于历史的角度，他认为基础设施建设是一个基于政策的贷款，能够推动经济发展，并且能够推动良好的经济发展和制度建设。根据世界银行颁布的全球治理指标，"一带一路"面临的一个挑战是控制腐败。低收入国家腐败控制率较低，探讨"一带一路"是否具有改革性，以打破中等收入陷阱，需要并行机制的发展与改革以控制腐败、保持投资可持续性。

香港理工大学许智文（Eddie CM Hui）教授以"房价、消费与金融市场"（Housing Prices, Consumption and Financial Markets）为主题发表演讲。近些年来，中国出现房价持续上涨而消费需求不断下降的现象。他指出，以往研究中将房价、消费、金融市场发展同时结合起来的案例较少。房地产金融市场的发展对财富积累效应有着积极的影响，但同时导致了替代效应减弱。房地产金融市场通过影响房价，进而对居民消费产生影响。找到三者之间的关系，可为房地产市场的监管、长期的经济和金融战略的制定以及经济的可持续发展提供科学依据。许智文教授研究发现，房地产金融市场的发展使业主受益更大，而租户的收益有限。适当鼓励房地产金融市场发展，为居民房贷提供更多的金融产品和融资渠道，将有利于房屋财富转化成消费，同时可以推动其他行业的平衡发展。地方政府还通过金融优惠政策帮助租户买房，吸引外来的人才，以提升其城市竞争力。

来自加利福尼亚州立大学的侯维忠（Jack Hou）教授建立了父母-孩子（Parent-Child）收入关系模型，以此探讨代际收入流动性的影响因素。他的研究基于中国收入缺少流动性提出疑问：是由于人力资本还是代际收入引起的？侯维忠教授用代际收入弹性（IIE）指数高低判断，认为在经济改革之前，中国是一个收入非常平等的国家，随后平等性逐渐变差。中国代际收入弹性指数之前是 0.339，现在上限已超过了 0.6，之前主要的收入效率来自个体父辈的收入，而非人力资源代际的继承。他认为，需要对当前的收入分配状况进行改善，因为这不仅仅关系当前这一代人，甚至会给下一代和后代人带来更深刻的影响。针对当前高代际收入弹性指数，若能施以良策，将极大影响当前收入分配格局的改善。侯维忠教授同时向研究生及青年学者建议，不要盲目追逐话题，而要有长期的计划和兴趣，要坚守一方领域深入研究，以增加在该领域的权威性。

布林茅尔学院的吴承娟（Seung-Youn Oh）教授以"全球本土化的变化：中国汽车产业的省级资本与供应网络发展"（Varieties of Glocalization: Sub-National State Capitalism and Supplier Network Development in the Chinese Auto Industry）为主题，发表了对中国经济发展的一些思考。她的研究主要关注中国的政府如何推动向上竞争，而不是向下竞争，以及如何管理工业升级的第二次变革。首先，她通过解释中国政府如何进行第二次产业升级、逃离中等收入陷阱，详细介绍了产业升级的概念。之后，她对比了日本、韩国的经济崛起模式与中国的四个不同之处：第一，对外国投资的开放程度不同；第二，集权模式的不同；第三，竞争模式不同；第四，产业升级模式不同。她的第二个研究主题是如何管理衰落产业并让新兴竞争性产业进入。她认为，国有企业在经济力量上就是本土和全球力量之间的联结点，应当最大化使用外资。

以汽车市场为例，中国政府按照本土国产化的要求，建立起了自己的供应商网络。当前，中国是世界最大的汽车市场，占全球市场份额的30%。企业本土化固定了比较高的国产化率。她观察到，中国正在借助"一带一路"倡议推动其自主汽车企业对中亚地区、中东地区和非洲地区的出口。预计到2040年燃油汽车将逐步被淘汰，中国应抓住电动汽车行业的发展，建立新的竞争机制，将人工智能、大数据、云计算等融入汽车行业完成产业升级。

北京大学城市与环境学院赵鹏军教授就"底层增长：中国121个乡镇经济和融资情况调查"（Growth of the Bottom: An Investigation of Economic and Financing Situations in China 121 Townships）主题作了报告。赵鹏军教授以2015—2016年统计数据为基础，对中国121个乡镇的GDP、就业增长、企业生存以及融资情况进行了调查与分析。他指出，中国过去三十多年的发展是全球有目共睹的，而乡镇经济的发展未得到应有的重视。农民收入增长缓慢，农村经济发展滞后，城乡发展差距逐渐增大，城镇和农村地区面临着较为严重的经济问题。同时，中国现有城镇化水平是以常住人口衡量的，需要认识到中国70%的人户口仍在农村，而且60%的人还在从事农业生产。而进入城市生活的农民也未实现稳定就业，未获得平等的教育、医疗等权利。研究还发现，农村经济韧性强、能够更好地适应外来的经济形势变化，农民生活满意度高于城市居民。最后，赵鹏军教授指出，中国经济发展已经进入了转型期，人民对高质量生活的需求逐步增加，而与之密切相关的户籍制度、社会福利制度的改革与完善也是未来工作的重点。

讨论环节中，王大树教授向吴承娟教授提出问题，吴承娟教授对于中国特色社会主义市场经济的定义做出了进一步准确的解释。之后，赵鹏军教授又对底层增长中农民工、户籍等问题进行了深入探讨，他认为在城市中接受过较好教育的人回去开设企业，是一个新趋势。最后，托马斯·伯恩先生对王大树教授提出的跨太平洋伙伴关系协定（Trans-Pacific Partnership Agreement，TPP）完成情况进行了回答，他认为，美国虽然不会放弃其在全球的领导地位，但还需建立一些国际机构共同领导全球。在这个过程中，需要类似中国这样的国家来填补空白。研讨结束之际，大家纷纷对论坛组织方精心的准备工作表示诚挚的谢意。

健康中国 2030：国际视角下的医疗政策与改革

镜头：与会嘉宾就国际视角下的医疗政策与改革展开研讨

题 记

2017年11月5日上午，北京论坛经济分论坛之"健康中国2030：国际视角下的医疗政策与改革"主题讨论在北京大学英杰交流中心阳光厅举行。北京大学经济学院院长助理秦雪征教授主持了研讨。

随着世界范围内人均收入的增长、人口老龄化的加剧和医疗技术的创新，人们对健康和医疗服务的需求与日俱增。为进一步深化医药卫生改革，中国政府于 2016 年首次公布了《"健康中国 2030"规划纲要》，希望通过控制人口健康危险因素、增强健康服务能力、扩大健康产业规模以及完善健康促进体系来最终实现人民健康水平的持续提升。如何通过全面改革医疗服务提供体系、筹资和制度环境来实现纲要的规划目标是亟须研究和探讨的问题。北京大学刘国恩教授、北卡罗来纳大学肖恩·西尔维娅（Sean Sylvia）教授、耶鲁大学陈希（Xi Chen）教授、罗格斯大学山田哲司（Tetsuji Yamada）教授四位专家就中国的医疗卫生改革、初级护理对健康的作用、中国的人口健康、医疗卫生体系的国际比较等问题进行了分享和讨论。

刘国恩教授的发言题目为"中国的医疗改革与'健康中国 2030'计划"（China's Health Care Reform and the 'Healthy China 2030' Initiative）。他回顾了过去 30 年中国经济发展的变化和趋势，介绍了中国的基本医疗卫生制度，分别从需求侧和供给侧分析了中国医疗卫生体制改革的基本路径和面临的问题。同时，他对"健康中国 2030"作了详细解读，并认为健康中国战略要求进行三个方面的转型：第一，从以病人为中心的护理到全人口的健康管理；第二，从疾病护理到全生命周期的管理；第三，从卫生部（2013 年 3 月改为国家卫生和计划生育委员会）单一主导的政策制定到国家相关部门的协调和政策制定。

西尔维娅教授作了题为"初级护理质量在实现健康中国的基础性作用"（The Fundamental Role of Primary Care Quality in Achieving a Healthy China）的

报告。他采用标准化病人（SPs）的临床实践方法评估了农村诊所、乡镇卫生院和县级医疗机构的初级保健质量，分析了影响优质护理的因素以及与国际标准方面的差异。同时，他以肺结核病例管理为例，探讨了在卫生系统层面推广"综合护理"的挑战。最后得出结论：与县级医院的病例管理相比，农村诊所和乡镇卫生院的病例管理水平较低。建议通过提高基层医疗服务提供者的医疗服务水平、加强对转诊的激励、加强卫生系统不同层级间的整合等措施来提高基层医疗卫生机构的医疗服务质量。

陈希教授的发言题目为"环境与气候变化对'健康中国2030'的挑战"（Environmental and Climate Challenge to 'Healthy China 2030'），他首先简要介绍了"健康中国2030"战略的核心内容，指出该战略有三个理念转变，即由以病人为中心的护理向全人口健康管理转变，由疾病护理向全生命周期管理转变，由卫生部主导政策制定向多部门协调转变。然后他分析了社会服务支出与医疗卫生支出的错配问题，并着重探讨了环境和气候变化对居民生活满意度、心理健康及认知功能的影响，最后从生理和心理两个层面提出了促进人口健康的可行路径。

山田哲司教授作了题为"全球视角下的不同医疗卫生体系：中、日、美三国的收入、教育、健康平等及健康生活方式"（Global Perspectives of Different Healthcare Systems about Health: Income, Education and Health Equality, and Healthy Life Style in China, Japan and USA）的报告。报告基于中国国家医疗体系、日本全民医疗体系和美国混合医疗体系，采用模型实证检验了预防性健康行为的决策偏好，并根据收入和教育程度评估了健康差距，论证了健康教育对健康状况和政府支出的影响。研究发现，健康保险在预防性医疗卫生中发挥着重要的作用，与混合医疗体系相比，国家医疗体系和全民医疗体系能更有效地促进健康；教育程度的提高会改善健康状况和缩小健康差距，并能在长期内缩小收入差距；提高对健康的认知水平是促进健康可持续发展的主要因素。

北京大学经济学院"海外论坛"
◀ 系列研讨会 ▶

北京大学经济学院"海外论坛"系列研讨会是经济学院倾力打造的高端国际对话平台。结合北京大学创建世界一流大学的总体目标，北京大学经济学院主动走出国门，通过在海外举办学术论坛，进一步扩大中外学者的交流渠道，讲好中国故事，在扩大自身影响力的同时拓展了学生的国际视野，在将自身建设成为世界一流经济学院的方向上迈出了新的步伐。

从2018年起，北京大学经济学院开始定期举办"海外论坛"。2018年12月，北京大学经济学院首届北美新年论坛在美国纽约成功举办，主题为"中国与世界经济"（China and World Economy）。2019年8月，北京大学经济学院首届欧洲论坛在英国牛津举办，主题为"'一带一路'框架下的世界经济合作与发展"（Global Economic Cooperation and Development in the Framework of "The Belt & Road"）。2020年1月，北京大学经济学院第二届北美论坛在美国圣迭戈成功举办，主题为"中国与全球经济：挑战、机遇与共同繁荣"（China and Global Economy: Uncertainty, Opportunity and Prosperity）。2020年7月，北京大学经济学院第二届欧洲论坛通过线上会议平台成功举办，主题为"后疫情时代下的全球经济前景"（The Future of Global Economy in an Era of COVID-19）。

北京大学经济学院首届北美新年论坛：中国与世界经济

镜头：北京大学经济学院首届北美新年论坛会议现场

> 题 记

  由北京大学经济学院主办的首届北美新年论坛于2018年12月17日在美国纽约举行，论坛主题为"中国与世界经济"，聚焦世界经济格局变化中的中国经济改革与增长。本届论坛邀请了全美亚裔总商会主席、前美国联邦商务部副助理部长董继玲（Chiling Tong），美中公共事务协会会长兼执行总裁滕绍骏（Fred Teng），中国银行纽约分行战略及研究总监黄小军，联合国秘书处经济与社会事务部包容性发展司司长杨文艳，彭博资讯（Bloomberg L.P.）金融产品首席经济学家迈克尔·麦克唐纳（Michael McDonough），纽约大学朱利叶斯·西尔弗政治学讲席教授及社会科学学部主任大卫·斯塔萨维奇（David Stasavage），圣约翰大学罗伯特·克莱门茨特聘讲座教授及风险管理、保险和精算科学学院院长马克·布朗（Mark Browne），纽约州立大学石溪分校经济系教授、研究生项目主任史蒂芬·斯特恩（Steven Stern）等美国政界学界代表，以及北京大学经济学院院长董志勇教授、刘怡教授、王大树教授、杜丽群教授等出席。

改革开放 40 年来，中国经济产生了巨大的发展变化，中国在世界经济发展中也发挥着重要作用，产生了深远的影响。当前，中国经济已从高速增长阶段进入高质量发展阶段。作为全球第二大经济体，中国经济的改革与发展对世界经济格局变化的影响显著提升。值得关注的是，全球经济发展环境正发生复杂而深刻的变化，中国与世界经济发展都面临着许多新的机遇与挑战。在此背景下，如何有效应对挑战、抓住发展机遇、促进世界经济可持续发展、深化区域经济合作、完善全球经济治理体系，是重要的课题。本次论坛就世界经济格局与中美关系、税制改革的国际经验与中国改革，以及全球视角下的中国保险与社会保障等当前热点问题进行了深度、开放的学术探讨。

董志勇院长首先发表演讲。他指出，改革开放 40 年，中国经济取得了相当辉煌的成就。总体上讲，中国经历了五大转型过程：从计划经济转型为市场经济，从封闭经济转型为开放经济，从中央动员转型为地方竞争，从政府保护个人权益转型为产权保护个人权益，从资源配置由层级制度的政府官员主导转型为由市场的企业家主导。董志勇院长从近年来中国经济增长的数据切入论坛主题。他指出，过去 40 年，中国经济的年平均增长率为 9.5%，远高于同期世界经济 2.9% 左右的年均增速。中国 GDP 占世界生产总值的比重由改革开放之初的 1.8% 上升到 15.2%，多年来对世界经济增长贡献率超过 30%。与美国相比，中国的 GDP 总量和人均 GDP 均有大幅提升，其中 GDP 总量从 1978 年占美国的 15% 增加到 2018 年占美国的 66% 左右；与其他国家相比，中国在过去 40 年中经历了更大的逆袭过程，飞速赶上并远远超过英国、德国、日本等发达国家。董志勇院长还指出当前中国经济发展中存在的长期问题和短期问题，并为如何解决这些问题提出了方案。他说，未来的中国要努力优化经济发展结构，要努力提高人民的真实收入水平，要努力建立一个普民和惠民的社会保障体系。最后，董志勇院长对中国的经济发展给予了最美好的希冀："中国在变，越变越好，今日之变，前所未有。"

美中公共事务协会会长兼执行总裁滕绍骏先生指出，中国在过去40年中的发展速度前所未有，对世界很多政策的制定做出不可小觑的贡献，诸多方面的成就已震惊西方国家。面对未来可能出现的重重挑战，中国应继续加快经济发展速度，"不卑不亢，落落大方"，发扬"你中有我，我中有你"的精神，并强调人力资源与世界和平对中国未来的发展具有相当重要的意义。

论坛的主旨演讲与讨论分三个主题进行：世界经济格局与中美关系、税制改革的国际经验与中国改革、全球视角下的中国保险与社会保障。

彭博资讯金融产品首席经济学家迈克尔·麦克唐纳先生首先发表了主题为"中美展望"（China-US Outlook）的演讲。他表示，全球化的演变不是一帆风顺的过程，有高峰也有低谷。全球化的本意是让每个人的生活更好，但是在实施过程中总是部分人的利益先得到兑现，如果处理不好这个问题，有可能影响社会稳定。他构建了一个理论框架，通过世界上每个时间节点发生的关键事件审视市场波动，并指出波动的可能原因包括市场预期、监管放松、税收改革、贸易状况等。通过对"公司监控"等关键词的统计发现，同一时期，对人工智能和大数据的监控正在下滑，或许关税的冲击打击了投资者对人工智能、大数据等新兴产业的积极性。提到贸易状况，麦克唐纳先生进一步说道，贸易摩擦虽然给美国带来很大成本，但不会大幅拖累美国的经济发展。通过对经济增长的数据收集，他相信中美两国长期和解的可能性会越来越大。很多人抱怨中国经济下滑是因为中美贸易摩擦，但他个人认为，贸易摩擦对中国的影响需要到2019年才会真正得以体现，贸易摩擦的后续影响与中国政府的举措，尤其是货币政策与财政政策有关。

北京大学经济学院财政学系主任刘怡教授在演讲中指出，中国和美国的税制结构具有很大差异，经济增长、区域间税收竞争和增值税的地区间分享原则都不一样。她就这些差异进行了具体讨论。刘怡教授展示了1994—2017年中国GDP增长与税收增长波动曲线图，按照中国财政部的解释，波动的原因包括：中国经济增长计算使用不变价，而税收是现价；税收衡量第二、第三产业的状况，而经济增长反映三大产业的总体状况。中国现行的税制体系以货物和劳务税为主体，所得税税种与美国相比较少。2018年度的进口增值税和消费税增加，出口税率也有所增加，2019年也许会有所变化。就2018年来说，收入压力非常明显，现阶段是税率调整的关键时期。刘怡教授认为，中国的区域间税收竞争非常明显，企业投资区域的选择对区域收入影响很大。以一台电脑的生产为例，中国在零售环节之前的原材料生产、电脑组装、批发、零售各个阶段已收取大量税收，而美国是在消费者所在地获得税收。中国这样的税收制度为区域间竞争创造了动力。她还以石油西气东输两条线的竞争、阿里巴巴和京东的竞争为例，说明激烈的区域竞争使中国税收存在很大扭曲。目前中国正在努力把税收原则从生产地原则调整为消费地原则，从而形成新的激励机制。

纽约大学朱利叶斯·西尔弗政治学讲席教授、社会科学学部主任大卫·斯塔萨维奇通过展示美国和欧洲累进税制的演变历程探讨了累进税制的公平性，并讨论了这一演进历程对中国的经验借鉴。斯塔萨维奇教授首先梳理了美国和欧洲的税收在促进收入平等上的演进历史，主要探讨了政府对富人征税的税收政策的演变。他用图表展示了1800—2013年20个国家收入税和遗产税的平均最高税率，其经历了从极低到不断上升的过程，同时随着收入税最高税率的不断上升，政府规模也缓慢扩张。他指出，导致税收累进性改变的因素主要有三点：一是社会不平等结构上的变化导致税收累进性的改变，二是人们对经济效率的关注，三是社会对累进税制度公平性的看法。对此，斯塔萨维奇教授提出了公平税制演进历程中的三种观点：均等原则、能力纳税原则、累进税率原则。多年来人们普遍支持的观点是用累进税来弥补税制体系中的不公平。最后，斯塔萨维奇教授总结了美国和欧洲累进税制演变历程对中国的经验借鉴。随着经济的不断增长，人们对税收的关注度会越来越高，何种税收制度能促进收入分配公平这一课题将越来越重要，值得学者未来深入研究。

北京大学经济学院财政学系王大树教授在演讲中通过对中国和美国等世界主要国家在各类税种上的差异对比，针对中国的税收政策提出了几点建议。王大树教授首先介绍了中国税收制度的历史。他表示，在过去税收管理征收效率低下的背景下，为保持足够收入，政府设定了较高的税率。随后，王大树教授对企业所得税进行了对比分析。目前中国的企业所得税税率为25%，并且公司税的允许扣除额有限。在国际比较中，中国的企业所得税税率处于较高水平。之后，王大树教授介绍了个人所得税和社会保险。中国目前的税基和法定税率主要基于20世纪90年代初的税收征收效率，在此期间有效税率很低。为了维持税收水平，中国设定了更广泛的税基和更高的税率。从那时起，由于计算机技术和互联网的发展以及税务机关和税务人员的执法能力加强，税收的效率得到了显著提高。王大树教授还提出了描述税收负担的三个指标，并针对中美两国大口径宏观税收负担进行了对比。最后，他总结了自己的核心观点：针对中国税收负担过重的现状，亟须实施减税政策。

纽约州立大学石溪分校经济系教授、研究生项目主任史蒂芬·斯特恩在演讲中首先对长期护理的概念、形式、支付方式和成本等基本概念作了简要介绍。长期护理（Long Term Care，LTC）是指为生活无法自理或有部分功能性障碍的人（通常是老年人）提供护理和生活支持所需的服务。随着老年人健康状况的改善、人口流动、较低生育率造成的家庭结构的变化、政府的挤出效应、居民收入的变化，长期护理的成本可能会随之发生改变。随着一些国家人口老龄化问题的突出，对长期护理的需求也会进一步增加。发达国家的长期护理项目已经比较成熟，例如日本政府会为每个人提供强制性长期护理保险，并且提供10%的共付额，同时规定了最小额度的私人保险；德国政府专门设有疾病基金，私人保险方面的市场也初具规模。此外，研究表明，国家越富有，长期护理项目中的支出占GDP的比例越大。斯特恩教授对中国的具体情况进行了详细阐述。近几年长期护理在中国的发展速度越来越快，但总体上仍处于初级阶段。65岁以上的老人中只有1.5%—2%的人居住在养老院，而西方国家的这一比例是4%—8%。另外，中国一些特有的社会问题也使得长期护理项目的开展面临着独特的挑战和机遇，例如老龄化问题突出、计划生育带来的特殊家庭结构、城市化进程下留守老人增多、子女应该赡养老人的传统文化观念等。以老龄化现象为例，经测算，中国80岁以上的老人数量将会从2010年的1 800万增至2050年的9 800万，这意味着对长期护理的需求将会提升。而子女赡养父母负担的增大也意味着政府可能需要介入并提供服务。最后，斯特恩教授表示，为顺利推动长期护理项目的开展，改变中国传统文化下子女需要赡养父母的社会观念或许是必要的。

北京大学经济学院助理教授贾若以"中美欧保险业资本监管制度"（Insurance Solvency Regulatorg Systems: China, European Union, and the United States）为题发表了演讲。贾若助理教授首先用图表剖析了风险（risk）和保险（insurance）的关系。2003—2013年，全球保险公司风险事件的发生次数和出险比率呈上升态势，在2009年前后出现了一次高峰。全球化进程的加速及风险事故的频发引发了人们对如何降低风险的思考，促使人们建立一个科学有效的保险业资本监管体系。贾若助理教授就中国、美国和欧洲的监管制度进行了详细的对比和介绍。他指出，这三种全球主要的资本监管制度在偿付能力资本要求和偿付能力充足率等重要指标上呈现出很大差异，并进一步从保护主义、市场结构及市场对风险的认知等角度给出解释，资产结构和业务结构不同是保险监管不一致问题的内在驱动因素。他在共同评估框架下对三种监管规则进行了对比，三种监管规则在美国、欧盟和中国各有其优势与劣势，区别只在于对不同国家和国际组织在不同方面的适用性不同。贾若助理教授对三种常见的保险公司监管规则进行了总结和反思。一国的保险监管机构在制定监管规则时需要考虑多方面因素,其中包括经济适用原则、在全球一致和市场适应之间寻求平衡的原则、向发展水平和市场结构相似的市场学习的原则等。最后,贾若助理教授引用《论语》中的经典名言结束了本次演讲:"君子和而不同""君子周而不比"。不同的监管规则各有其特点,各国之间地位对等,应相互信任,共同营造一个良好的保险行业发展环境。这不仅是各国保险监管机构的发展展望,更是各国人民的一致期待。

圣约翰大学罗伯特·克莱门茨特聘讲座教授及风险管理、保险和精算科学学院院长马克·布朗分别从保险的价值与成本、中国当前可保风险、科技发展对保险行业的影响、监管中创新和稳定性的平衡四个方面对中国与全球保险市场展开了分析。布朗教授首先介绍了保险对于社会经济的重要价值:保险不仅提供了现金流的稳定性,降低了个人对储备的要求,还能帮助偿还借款,降低信用违约风险。此外,保险公司在损失规避上具有专业性,能够在一定程度上避免或减少风险损失。而保险具有一定的社会成本,包括公司运营成本、信息不对称引起的道德风险所造成的额外损失、损失夸大以及骗保行为。随后,布朗教授指出保险之外还存在其他的风险承担机制,如政府财政支持、家庭成员支持、个人存款和社会团体帮助,他强调工会、教会等社会团体的成员之间也能够实现一定程度的风险分担。布朗教授分析道,中国市场未来可保风险将包括:环境问题带来的巨灾风险、计划生育带来的年龄结构变动和人口区域流动风险等。风险具体分类为家庭风险和商业风险,家庭风险包括机动车保险、家庭财产保险等;而商业风险则针对企业,包括工伤保险、企业财产保险等。他强调科技对保险行业带来了巨大改变,无人驾驶汽车、线上购买、需求定制、线上理赔等技术都对保险业提出新的支持和挑战,并表示灵活性和适应性是金融科技优势。最后,布朗教授指出,应权衡不同监管条件下创新与稳定的关系,过严的监管将严重降低创新的积极性,但过宽的监管将提高市场整体的不稳定性,应在二者之间寻求平衡。

前美国联邦商务部副助理部长董继玲女士为论坛致闭幕词。她对论坛主办方北京大学经济学院和所有到场嘉宾及北大校友表达了诚挚感谢。她强调，中国在过去几十年飞速发展为世界第二大经济体，其在经济制度、国家治理等方面的积极探索都为后代人做出了巨大贡献。而中美关系对全世界的影响不容小觑，因此当前改变中美紧张关系相当重要。她认为问题根源在于，中国能够很好地理解美国，但美国并不能正确地理解中国。很多人正在不同领域通过公开对话等各种形式为中美关系发展做出努力，论坛的举办同样对增进中美之间的深入理解大有益处。同时，她呼吁："我们都是中国人，希望为祖国做贡献。我作为全美亚裔总商会的主席，更希望借助这个平台帮助促进中美之间的互相理解与合作共赢。所有在场的嘉宾、校友，尤其是年轻一代，你们为构建和促进中美关系健康发展所做出努力至关重要，这无疑将对中美两国乃至全世界产生积极影响。"

北京大学经济学院首届欧洲论坛:"一带一路"框架下的世界经济合作与发展

镜头:北京大学经济学院首届欧洲论坛部分与会人员合影

> **题记**
>
> 为进一步推动北京大学经济学院的国际交流工作,加强与英国高校的合作,北京大学经济学院师生团组于2019年8月23—29日赴英国牛津大学奥利尔学院(Oriel College, University of Oxford)和剑桥大学麦格达伦学院(Magdalene College, University of Cambridge)访问,并举办北京大学经济学院首届欧洲论坛。牛津大学奥利尔学院院长尼尔·门多萨(Neil Mendoza)、副院长兼财务主管威尔夫·史蒂芬森(Wilf Stevenson)、暑期课程主任兼环识国际CBL首席执行官杜米尼克·万纳尔(Dominik Wanner),牛津大学经济学家安德鲁·法罗(Andrew Farlow)以及北京大学经济学院院长董志勇教授、苏剑教授、姚奕副教授,四川大学经济学院院长蒋永穆教授、副院长邓翔教授及龚勤林教授等作为嘉宾出席论坛并发表演讲。

"一带一路"倡议为世界各国合作发展带来了新机遇，在此背景下，本次论坛以"'一带一路'框架下的世界经济合作与发展"为主题，围绕"一带一路"倡议与世界经济发展形势，深入探讨了"一带一路"倡议与其带来的世界各国合作发展新机遇。

董志勇院长首先在论坛上发言。他由一组表现过去四十多年中国经济快速发展的数据切入，用五个"转变"总结中国经济发展取得成功的五个主要原因：由计划经济体制转变为市场经济体制，由封闭经济转变为开放经济，由中央动员转变为地方竞争，个人权益由政府保护转变为产权保护，资源分配由政府官员主导转变为企业家主导。然而，在巨大的经济成就背后，中国经济面临着三个长期挑战，包括如何使经济结构转型、如何切实提高人民的真实收入水平、如何建立一个惠民和普民的社会保障体系。而在短期里，消费增长放缓、投资增长减弱、制造业增长迟滞、行业和区域间不平衡加深、企业盈利能力下降和债务问题加剧、资本市场缩水、融资成本高、产权歧视导致私营企业危机感以及金融体系脱实向虚等问题也不容忽视。

尼尔·门多萨院长认为，在当前的背景下召开论坛探讨"一带一路"框架下的经济合作与发展问题是相当必要的。他充分肯定中国在改革开放四十多年来所取得的巨大经济成就，指出随着中国进一步扩大对外开放，包括英国在内的整个世界必须加强和中国的思想交流与经济合作，从中国的发展经验中寻找新的发展可能，与中国一道为世界的共同繁荣做出贡献。他指出，从学术交流的层面看，八年来奥利尔学院积极与北京大学经济学院开展合作，尽管中英两国如同两所学院一样彼此存在诸多差异，但双方都拥有对未来的美好愿景，也必将在未来进行更深入的合作交流。他引用一句奥利尔学院传颂的格言作为结语送给欧洲论坛：砥砺进取，锐意创新（Keep initiative, and pursue the sharp innovation）。

苏剑教授在论坛中分享了宏观经济学研究的新框架。他指出，新凯恩斯主义和新自由主义经济学框架对当下的经济环境分析已经存在滞后，必须将创新动力、市场开放等概念更有效地引入宏观经济分析中。为此他提出了总供给—总需求—市场环境三维调控理论。报告中，苏剑教授根据当前宏观经济政策体系（Macroeconomic Policy System，MPS）存在的缺陷，阐述一个新的MPS框架。他基于新的研究框架，分析了市场环境管理及其工具、需求管理及其工具、供给管理及其工具，以及新MPS中的政策组合，最后以2018年中国宏观经济管理为例说明了新的宏观经济政策体系的实际应用。苏剑教授认为，目前MPS的发展远远落后于宏观经济理论的演化，只关注经济表象而不能深入其根源，无法实现多种政策的目的，反而增加了产生金融危机的可能性，甚至导致难以阻止的政策依赖，且有较强的政策溢出效应。更为重要的是，目前的MPS并未充分考虑改革、开放和创新对宏观经济的影响，而这些因素对中国的宏观经济管理至关重要。基于AS-AD模型，完整的MPS应该包括市场环境管理、需求管理和供给管理，分别用于恢复市场功能、调整需求和调整供给。在市场环境管理方面，发达市场经济体存在许多市场失灵，如价格刚性、信息不对称、公共物品、垄断和外部性等，在转型经济体中还存在对市场进行限制、市场不完整以及缺乏财产保护等问题。因而，市场环境政策在所有市场经济中都涉及价格政策、信息不对称、公共物品和反垄断；而在转型经济体中还要关注市场培育、法律、政治以及市场环境的文化领域等。以价格管理为例，价格刚性在所有经济体中均属常见问题，也是凯恩斯主义强调需求政策的根本出发点。根据经济体制的不同，经济体存在两种价格刚性，即市场经济中的价格刚性和计划经济中的价格刚性。新MPS的价格管理政策旨在促进价格灵活性，解决所有经济体共同面临的垄断、价格黏性、实际刚性等问题，而对于转型经济体而言，还要重点关注价格改革。在需求管理方面，新 MPS 的需求管理关注需求质量，这对当下中国推进高质量发展具有重要启示：一方面，高质量投资需求为投资者带来更高的回报率；另一方面，高质量的消费需求为消费者带来更高的边际消费。这两方面共同导致高质量的投资。基于此，需求管理工具主要包括凯恩斯主义下的财政政策和货币政策、制度创新推动的需求侧改革、产品创新和市场创新推动的需求侧创新。因而，当前存在两种增加需求的方法：一是通过凯恩斯主义的货币政策和财政政策等传统需求管理政策降低需求成本，但这也会降低需求质量，影响经济体健康发展；二是通过创新政策尤其是产品创新政策增加需求回报，这将带来高质量需求，进而促进经济体健康发展。苏剑教授进一步分析了创新政策与凯恩斯主义需求政策的利弊，得出创新政策在政策效应方面有更长的政策滞后，而且不确定性更高，在扩大需求和收缩需求方面具有更好的协同性。因而，应将创新政策与凯恩斯主义政策相结合，秉持创新政策先行，通过创新政策进行经济调整，这有助于解决经济体存在的长期问题和系统性问题。在供给管理方面，新 MPS 框架下的供给管理区别于包含税收政策在内的传统供给管理方式，其主要政策目标是对生产者的激励，由于可用资源和技术的存量难以在短期内发生重大变化，但对生产者的激励可以在短期内改变，只要能够调整对生产者的激励，就可以调整经济中的供给，比如通过降低单位成本实现生产效率的提高或生产规模的扩大等。因而，供给管理工具主要有要素价格政策（包括货币政策、工资政策、资源价格政策等）、生产率政策（国有企业改革、金融改革、农村改革等供给侧改革和供给侧创新等）、相关法律法规（如环境政策），以及相应的行政管理（包括不同行业中的进入退出等）。在新 MPS 政策框架下，中国的宏观经济政策应该着眼于政策组合，坚持市场环境政策第一的原则，以恢复市场功能为主要目标。在经济现实中，由于价格刚性往往难以消除，因此仍然需要供需管理。通常，供给管理应用于处理供给冲击，而需求管理应用于处理需求冲击。苏剑教授所提出的中国新的宏观经济政策体系具有重大的现实意义,为处理当前中国宏观经济问题提供了重要启示,获得与会嘉宾学者的高度评价,现场讨论热烈。

邓翔教授的演讲聚焦于中国区域发展政策的历史脉络和效果问题。邓翔教授的演讲分为四个部分:他首先从中国地理分区的大背景进行引入;其次,分析了近几十年以来区域发展政策的主要变化;再次,对于区域发展政策的表现进行评估;最后,提出我国目前正面临的地区发展方面的挑战。邓翔教授从地理、人口、民族、文化等四个角度简要介绍了中国的基本情况,重点分析了中国经济的奇迹增长和地区发展之间的关系。邓翔教授引用了拉里·萨默斯(Larry Summers)的观点,称改革开放以来中国经济的奇迹增长是"文艺复兴以来最伟大的历史事件"。他用三个"好"来总结中国举世瞩目的成就,即"好政策""好战略""好运气"。其中,"好政策"指制度变迁,这是中国奇迹的根基之所在;"好战略"指渐进式发展的道路;"好运气"则指所处的国际环境正巧有利于中国崛起。之后,邓翔教授结合中国经济发展进程分析了地区政策在不同历史时期的不同特点。总体上可以分为三个时期:第一个时期是1949—1978年,中国借鉴的是苏联模式,着重要求地区间平衡发展。第二个时期是1978—2000年,此时允许地区间的发展不平衡,这一时期又可再细分为两个阶段:1978—1995年为第一阶段,此时在东部沿海批准设立经济特区,政策更侧重于工业发展、土地改革、价格体系和对外开放;1995—2000年为第二阶段,改革开放进一步拓展到内地,与此同时,资本、劳动力、人才进一步向东部地区流动聚集,自20世纪90年代之后,地区间的差异逐渐拉开,并且越来越大。第三个时期是2000—2019年,这20年又可以细分为两个阶段:2000—2012年为第一阶段,此时主打的三大地区政策包括西部大开发、中部崛起、振兴东北老工业基地;2012—2019年是"新常态"阶段,实行"4+3战略",例如京津冀协同发展、长三角地区经济带和"一带一路"倡议,这个时期调整了地区政策的方针,逐渐减少了针对地理区划的地区政策,更强调跨地区的战略合作。紧接着,邓翔教授以西部大开发为例,分析地区政策的经济表现。西部大开发政策对西部地区有很多政策优惠和政府扶持，比如企业减税、财政转移支付、国家主导投资、金融政策支持、技术指导、地区内互助帮扶政策等。此外，国家在西部地区还兴建了几个大型工程，包括修筑贯通东西的铁路工程、退耕还林、退牧还草等。自西部大开发战略实施以来，西部经济进入了快速增长期，2000—2010年年均增长13.58%，超过了中部地区和东北地区。2006年以来，西部地区经济增长超过东部地区，成为中国经济增长最快的地区。实施西部大开发政策后，西部地区名义GDP占全国的比重呈现逐步稳步上升趋势。此外，地区间的差距逐渐缩小，地区之间的变异系数在2003—2013年出现骤减，这充分体现了我国地区政策行之有效。然后，邓翔教授分析了我国现行的地区政策和未来的发展方向。他认为，现阶段我国更倾向于泛地区、跨地区的合作，大力推进城市群的形成与发展，例如长三角城市群、粤港澳大湾区城市群、京津冀都市圈、成渝城市群等。对于未来的发展方向，他提出四条建议：第一，针对问题地区（例如大凉山彝族地区、资源枯竭地区、生态脆弱区等）需要更准确的区域政策；第二，需要更多跨区域、分区域的规划与合作，例如省际生态补偿机制；第三，需要更全面的区域政策，例如绿色发展和可持续发展的政策；第四，"一带一路"倡议将改变内陆开放格局和经济地理格局。邓翔教授举例说，在"一带一路"框架下，截至2018年，我国已经开通了48条中欧班列，如成都至罗兹货运铁路（蓉欧铁路）、重庆至杜伊斯堡货运铁路（渝新欧铁路）等。最后，邓翔教授表达了在"一带一路"的框架下，中欧能够深入开展更多合作，谋求双方的进一步发展的衷心期待。邓翔教授的演讲深入浅出，为大家展开了一幅全景式的画卷，将中国的地理环境与政府实行的区域发展战略相结合，高屋建瓴地总结概括出区域政策本身的变化规律，深刻分析了当前的局势，并对未来政策的发展走向提出了相关的建设性意见。在现场交流提问环节，与会中外师生就中国区域平衡发展等热点问题与邓翔教授进行了进一步交流。

杜米尼克·万纳尔教授讲述了"一带一路"框架下中国与东南亚国家联

盟（ASEAN，以下简称"东盟"）经贸合作的情况。他从合作的历史源流、目前形势、未来发展三个层次依次进行了介绍，并强调中国未来的经济潜力巨大，对周边地区经济发展的带动作用巨大。万纳尔教授首先简要介绍了东盟的历史发展、成员特征与重要地理战略意义。东盟是由10个东南亚国家自主成立的政府性国际组织，该组织成立的主要目的在于增强地区联系，促进地区贸易与经济增长，促进东盟国家与区域外国家或组织开展对话与合作。东盟各国在国家规模、经济体量、组织架构，政治体制上存在诸多差异。新加坡等国经济发展较快，柬埔寨等国经济发展较慢。不同的发展阶段导致各国有不同的利益诉求。此外，不同的政治体制与文化信仰差异使得东盟各国在国际事务上通常难以达成一致。虽然存在诸多差异，但经济增长是所有东盟国家的共同追求，因此经济与贸易成为东盟发展与合作的重要议题。万纳尔教授认为，"一带一路"倡议符合东盟国家发展需求，该倡议将通过帮助沿线国家进行基础设施建设，促进该地区与其他地区的经贸往来，推动地区经济增长。东盟对于亚欧国家而言有重要的地理战略意义。东盟紧连中国，其成员国均为"一带一路"倡议海上丝绸之路的重要海运节点。作为亚欧贸易的重要枢纽，东南亚地区连接了韩国、日本、中国等亚洲国家与欧洲各国。然而，随着北冰洋航运的发展，其重要地理战略意义正面临着巨大威胁。学者研究发现，随着全球变暖，俄罗斯附近冰面正在融化，将极可能开拓出一条运输距离更短的海上贸易路线。届时，现有的海上丝绸之路可能被取代，这将对东盟国家的贸易发展产生不利影响。万纳尔教授接着简要介绍了中国—东盟自由贸易区（CAFTA），以及过去十余年中国与东盟的合作情况。中国—东盟自由贸易区是中国与东盟十国组建的自由贸易区。中国和东盟对话始于1991年，于2002年签署自由贸易合作总协议框架。经过与东盟各国的协商谈判，2010年起中国逐步调整与东盟各国的双边贸易关税，其中中国对东盟出口平均关税从12.6%降至0.6%，东盟对中国出口平均关税由9.8%降至0.1%，这极大促进了东盟及中国的经贸发展。随后，中国在2010

年成立中国—东盟投资合作基金,该基金由中国进出口银行作为主发行人,连同国内外多家投资机构共同出资成立。基金主要投资于东盟地区的基础设施、能源和自然资源等领域,目前已完成柬埔寨、老挝、马来西亚、菲律宾、新加坡、泰国和印度尼西亚等地的多项投资。该基金还计划筹集30亿美元支持东盟国家"一带一路"相关项目。万纳尔最后就"一带一路"倡议下中国和东盟间的合作关系发表了自己的看法。从经济贸易方面,"一带一路"倡议增强了沿线国家间的经贸往来。东盟成员国大多数为贸易高度依赖国家,在中美贸易关系不明朗、全球经济发展前景不确定性加剧的大背景下,"一带一路"倡议对于东盟国家的意义将更加重要。在资本流动方面,中国通过"一带一路"倡议输出国内资本,这将为"中国制造"带来巨大的崭新市场,进一步促进中国经济发展。"一带一路"倡议下中国对外投资额逾8 000亿美元,其中对东盟国家的投资占很大比重,仅印度尼西亚一国金额就达到1 000亿美元。因此东盟国家在中国"一带一路"对外投资中也将起到重要作用。随后,在场师生与万纳尔教授就"一带一路"倡议与东盟的合作关系展开了热烈讨论。

姚奕副教授则重点探讨了中国车辆保险市场化改革对保险公司市场竞争力的促进作用。她指出,近年来中国保险市场快速发展,而这一切与市场化改革密切相关。她的研究充分证明消除监管和推进市场化改革释放了保险市场的活力,促进了保险公司的发展,从而使其获得更大的市场竞争力。首先,姚奕副教授简要介绍了"一带一路"背景下中国保险行业的发展概况。从市场参与者与市场结构的角度看,目前中国保险行业以国内企业为主,且近年来发展速度较快;外国保险企业数量相对稳定,增长较缓且经营范围受限。从保险收入的视角看,2017年中国内地保费规模(5 410亿美元)仅次于美国(13 770亿美元),但名义增速和调整后的实际增速要高于保费规模位居前列的其他国家和地区。从投资的角度看,中国人保、中国人寿和平安保险均已在海外市场上市;与此同时,投资约束进一步放宽。随后,姚奕副教授以中国车险市场改革为例,重点讨论了管制放宽、市场竞争与保险公司转换之间的关系。她指出，2015 年以前，保险市场受到严格管制，由此导致了市场无效率问题。有鉴于此，中国保监会自 2015 年开始放宽管制。此后，中国车险规模快速增长，到 2017 年时已位列世界第二，成为中国保险行业的重要业务线。显然，车险的发展或多或少受益于保监会 2015 年放宽管制的改革。根据已有研究成果，价格、服务质量、产品异质性、信息、搜索成本与转换成本等影响消费者行为的因素均可解释保险公司转换问题；亦有部分学者讨论改革后不同性别、年龄、健康状况与财富状况的群体出现的不同转换趋势问题（Hendriks et al., 2009 ; Jong et al., 2008 ; Rooijen et al., 2011）。然而，绝大多数聚焦于健康险领域，而较少涉及车险市场。为此，姚奕副教授认为保险公司转换实际上就是衡量市场竞争程度的重要指标，可用于检验保监会管制放松对市场竞争程度的影响，甚至探讨不同保险公司的类似转变，以更好地理解管制放松对市场结构及表现的影响。为了更好地理解研究的识别策略，姚奕副教授具体介绍了 2015 年以来保监会市场化改革的基本情况。整体而言，这次改革中保监会在费率制定、承销和产品政策设计等方面给予了保险公司更大的自主权。其中，费率制定的改革包括两大主要方面：其一是为保险公司提供更大的价格调节空间，其二是调整已经存在的机动车辆保险奖惩系统（bonus-malus system）。这一市场化的改革属于渐进式改革，2015 年 6 月 1 日起先在 6 个司法管辖区试点改革；2016 年 1 月 1 日改革区域扩大到了 12 个试点管辖区；2016 年 7 月 1 日起全面铺开，扩大到剩下的区域。因此，研究可根据具体区域改革的时间先后识别改革在不同时段对不同地区保险公司的影响效果。紧接着，姚奕副教授报告了研究的实证检验部分。数据方面，研究随机抽取所有保险公司在 2013 年 6 月 1 日（改革前两年）到 2017 年 6 月 30 日（所有区域实施改革后一年）发布的所有车险的 5%，进而得到包括 4 个年份的非平衡面板数据，涵盖 7 334 012 个观测样本。实证分析策略方面，研究主要采用双重差分（DID）方法，根据中国保险行业市场化改革的具体情况设置三个时间哑变量和三个改革区域的哑变量，并控制年龄、性别、车型、车龄、车价、车辆登记地等因素,进而讨论改革对保险公司转换的可能性影响。实证结果表明,中国保险业的市场化改革对保险公司转换概率具有积极而显著的影响,改革后三大改革区域中保险公司转换具有明显的上升态势。此后,姚奕副教授进一步汇报了不同规模的保险公司在改革中所呈现的差异。对于大型保险公司而言,除了初始改革试点有显著的积极影响,其他地区均出现显著为负的影响结果;而对于中小型保险公司而言,改革在不同区域始终表现显著的促进作用。就企业在行业中的重要性程度差异而言,改革仅对那些较为依赖车险业务的保险公司具有显著而积极的促进作用,但对于那些车险业务规模相对较小的公司则影响不大。最后,姚奕副教授简要汇报了其主要研究结论。从实证分析结果看,保监会放宽市场管制确实对保险公司转换趋势具有正向而显著的促进作用,由此带来了竞争更为激烈的保险市场。此外,姚奕副教授指出,从保险公司规模的角度看,业务主要从大保险公司外溢到中小规模的保险公司;从车险业务重要程度的角度看,那些车险业务相对重要的保险公司在改革后有更大的业务流入规模。

安德鲁·法罗教授则以"地球健康"为主题,介绍了"一带一路"促进世界环保事业的贡献。他认为,中国国内的环保标准和环保政策实施力度具有极高的水平,如果能够借助"一带一路"将这些标准和政策在沿线国家推广,将会极大推进世界环保事业发展。法罗教授指出,关注"星球健康"具有重大的现实意义。他通过图表说明了人类活动对全球环境的影响正在逐步扩大,包括但不限于气候变化、臭氧层衰减、物种流失等问题。所幸的是,目前已有国家开始关注这一议题。法罗教授认为,其典型案例之一正是近年来中国政府所提出的"一带一路"倡议。"一带一路"倡议实际上是最大的环境工程,会对"星球健康"产生诸多重要影响。因此,从"星球健康"议题的视角看"一带一路"倡议,我们将能看到这一倡议在绿色发展方面所包含的风险和机遇。法罗教授认为,一方面,这一倡议的风险在于交通基础设施建设将对地表的生态环境带来破坏,进而产生诸多不可预见的后果。因此,在实际建设过程中，我们往往需要通过环境模型重做来进行合理的规划与成本核算。事实上，一部分自然资本在方案设计时没有被估值，如果能够通过自然资本模型进行合理的核算，将工程的环境影响计入工程的总影响当中，就能更好地计算"一带一路"倡议的成本与收益。另一方面，这一倡议的提出对中国而言也是一次机遇。目前，中国国内环境治理取得诸多良好成效，其中宝贵的实践经验将有利于帮助"一带一路"部分沿线国家达到"2030年可持续发展议程"目标。可持续发展目标关系到个体健康、整体健康、星球健康、宇宙健康等各个层面。"一带一路"国际绿色发展联盟已于2019年4月正式成立，共有134个参与方，其中包括联合国成员国的26个环境部门，旨在实现"一带一路"倡议和可持续发展目标的协同。若能正确实施相关政策，该倡议一定可以在实现可持续发展目标和2030年发展议程中扮演十分重要的角色。最后，法罗教授简要介绍了他目前的一些研究。他展示了牛津地区健康网络的基本内容，希望能有更多学者共同参与各项"星球健康"项目。他指出，可持续发展等同于照顾好我们的星球，也等同于照顾好人类的健康和所有的生命。在现场交流提问环节，在场师生就环境的边界、经济发展的衡量方法等问题和法罗教授进行了进一步交流。

  在主题演讲后，蒋永穆教授发表闭幕致辞。他用"感激""感悟""感动"三个词来总结对于欧洲论坛成功举办的感受。他感激于北京大学与牛津大学强强联合，举办了这样一次精彩的论坛，给予了大家这次文化和学术交流机会；感悟于英国校园文化的深邃，并联想到牛津、北京与四川的文化相通之处；感动于每位到场嘉宾和工作人员辛勤的付出，并祝福论坛未来能够越办越好，让中英学术和文化交流继续深入。

  北京大学经济学院在牛津与剑桥分别举办了多场学术交流活动。8月24日上午，北京大学经济学院在牛津大学奥利尔学院举办了本届欧洲论坛的第一场学术交流活动。四川大学经济学院副院长龚勤林主持了该场学术活动。高明、郝煜、崔巍和张博等人先后就中国创新力的发展、16—19世纪中国国

首届欧洲论坛现场

家能力的变化、幸福感和信任感对家庭金融决策的影响以及自然资源中 OLG 模型的均衡效率等问题汇报了各自的研究成果。在场师生就中国创新问题、国家能力衡量问题、幸福感的测度问题、OLG 模型均衡状态下的效率标准问题等展开了激烈的讨论。8 月 27 日上午，北京大学经济学院在剑桥大学麦格达伦学院开展了本届欧洲论坛第二场学术交流活动。北京大学经济学院院长助理、副教授陈仪主持了本次活动。王熙、季曦、李权和周建波等人分别就人工智能与机器学习应用、新生态经济学构想、全球贸易中增值产品空间的新变化、中国经济发展的回顾与展望等问题汇报了各自的研究成果。在场师生就人工智能、全球生产价值链等各自关注的话题与汇报者进行了深入的交流与探讨。

  北京大学经济学院首届欧洲论坛是北京大学经济学院加快国际合作进程的又一次积极探索，论坛期间经济学院先后与牛津大学奥利尔学院、剑桥大学麦格达伦学院、伦敦大学学院经济学系等达成了合作共识，这使得北京大学经济学院的国际化建设往前迈进了重要一步。与此同时，本届论坛活动为北京大学经济学院师生走出国门、了解世界、讲好中国故事、与国际留学者对话创造了良好的国际化学术交流平台，极大地拓展了学院师生的国际视野，加深了学院师生对"一带一路"倡议的认识与理解，为扩大并提升经济学院的国际影响力与国际化水平打下了坚实基础。

主讲人题词

我们很荣幸在奥利尔学院举办北京大学经济学院欧洲论坛。
——尼尔·门多萨

祝愿北京大学经济学院国际论坛顺利举办,并祝"一带一路"建设项目越来越好!
——杜米尼克·万纳尔

北京大学经济学院第二届北美新年论坛：中国与全球经济——挑战、机遇与共同繁荣

镜头：北京大学经济学院第二届北美新年论坛部分与会人员合影

> **题记**

2020年1月5日，北京大学经济学院在美国加利福尼亚州圣迭戈市举办北京大学经济学院第二届北美新年论坛。本次活动由北京大学经济学院院长董志勇教授带队，副院长张辉、张亚光、秦雪征等一行师生随团前往并出席论坛。美国前助理国务卿、加州大学圣迭戈分校全球政策与战略研究院21世纪中国研究中心主任谢淑丽（Susan Shirk）教授，斯坦福大学经济系讲席教授、美国国家科学院院士马修·杰克逊（Matthew Jackson），美国加州大学圣迭戈分校全球政策与战略研究院中国国际事务讲席教授、著名中国问题专家巴里·诺顿（Barry Naughton）等作为嘉宾出席论坛并发表演讲。

未来世界经济发展和格局面临着诸多机遇与挑战，世界经济体之间的联系也正趋于紧密，本次论坛以"中国与全球经济——挑战、机遇与共同繁荣"为主题，吸引了近百名参会者围绕中国与世界经济进行深入讨论。

董志勇院长首先在论坛上发言。他表示，"过去未去，未来已来"。他从市场经济体制、开放经济等中国社会五方面的转变来总结中国经济四十多年来取得飞速发展的原因。同时，他指出，在巨大的经济成就背后，中国经济面临着经济结构转型、切实提高人民的真实收入水平、建立普惠全民保障体系等长期挑战。接下来，董志勇院长介绍并分析了在中国经济飞速发展过程中，中国人民银行、地方政府、商业银行、企业和网络的不同角色，以及中国经济在飞速增长的同时可能面临的风险。

谢淑丽教授发表了题为"过度伸张和过度应对"（Over-reach and Over-reaction）的演讲。她认为，在近些年的全球关系中，中美两国关系事关全球发展的大局，需要两国共同承担起建立新型大国关系的责任。在处理两国矛盾和分歧的过程中，需要避免"过度伸张"和"过度应对"的倾向（即一国在某一问题上过度伸张自身的利益，而另一国对此做法过度应对，从而造成双方矛盾的激化），以免影响两国在根本利益上的战略合作关系。然而，由于全球经济发展放缓以及地缘政治等因素，两国在近年来不断出现"过度伸张"和"过度应对"的情况，例如在贸易摩擦和贸易保护政策、企业补贴和海外并购行为、互联网安全与监管等问题和领域，双方对利益冲突和矛盾分歧的处理方式并不利于两国关系的进一步缓和。她认为，中美两国应努力回到更加开放的、互惠互利的轨道中进行交流，从而在合作中寻找共同的发展路径。

秦雪征教授稍后进行了题为"中国经济增长与未来挑战"（China's Economic Growth and Future Challenges）的主旨演讲。在演讲中，他首先展示了中国经济的总体状况，并回顾了近40年以来的发展路径。他指出，中国经济的持续高速发展有赖于政府和企业对固定资本的大规模投资、劳动力人力资本的持续改善以及政策改革和技术升级所带来的经济运行效率的提升。随后，秦雪征教授对中国未来经济发展所面临的挑战进行了详细介绍，包括人口老龄化、城乡及地区间的非协调发展、对固定资本的过度投资和对人力资本的投资不足以及系统性金融风险的存在。最后，秦雪征教授介绍了中国政府为应对以上挑战所实施的短期和长期政策，包括"三去一降一补"的供给侧结构性改革、对人口生育政策和退休年龄的逐步调整、以税收和社保等制度为主要对象的收入分配改革，以及以教育和医疗改革为主体的人力资本提升战略等。

马修·杰克逊教授作为第三位主旨演讲嘉宾，他的演讲主题是"网络发展的趋势及其对中国和世界经济的影响"（Trends in Networks: Implications for China and the Global Economy）。杰克逊教授分享了经济网络发展的两个趋势，并结合同时期的世界现象做了分析。他表示，第一个趋势是世界经济体之间的联系越来越紧密。通过观察1815—2000年间世界经济体之间的动态双边经济网络，可以清晰看出，网络越来越紧密。通过进一步研究，他发现，自1950年以来，世界战争大幅减少，贸易显著增加。存在贸易关系的两国比无贸易往来的两国交战可能性至少平均减少90%。由此，他认为，世界战争的减少很可能和双边经济网络的构建直接相关。第二个趋势是虽然各国联系越来越紧密，人与人交往更频繁，但联系大多集中在相似的个体之间。杰克逊教授认为，这很有可能解释为什么近些年世界贫困明显减少，但各主要国家贫富差距依然较大，社会流动性低。杰克逊教授还根据经济网络发展分析了中国和世界经济未来面对的挑战。

接下来，吴泽南助理教授针对中美企业的共性，通过演讲探讨了"企业目标及组织透明度之间的关系"（Transparency and Goals in Organizations: Implication for Organizational Design）。他通过研究发现，组织的最优信息披露制度取决于企业的目标。若组织试图最大化所有成员的人力资本积累，则组织应该隐藏员工中期的表现与排名，即采取较为不透明的信息披露制度（opaque organization）。反之，若组织关心其最终领导者的人力资本积累，则应在员工的竞争过程中采取透明的披露制度，及时披露信息（transparent organization）。这一研究成果为组织的最优设计提供了新的视角。他认为，中美两国的大型企业因其员工流动性较大，其组织目标更接近后者，根据理论的预测，这些企业的透明度应该较高；而中美两国的小型企业或者家族企业，因其人员流动性较低，其组织目标更接近前者，应更多采取不透明的信息披露制度。

最后，巴里·诺顿教授发表了题为"中国经济的航向能否融入全球秩序"（China's Economic Steerage: Can it be Compatible with a Global Economic Order?）的演讲，就中国经济增长与世界经济秩序展开了深入讨论。诺顿教授重点探讨了2005年以来中国的产业政策及其成效。他认为，未来世界经济发展和格局面临着许多重大问题，存在巨大的不确定性。世界经济期待着中国逐步走向世界经济舞台的中心。中国的产业政策不仅仅对中国至关重要，也将对世界经济及其秩序产生重要影响。此外，他建议，未来中国需要在国际事务中发挥更大的作用，同时制定更加开放与融入世界经济的产业政策。

本届北美新年论坛是北京大学经济学院继2018年12月在纽约举办首届北美新年论坛之后的第二届，亦是北京大学经济学院加快国际合作进程的又一次积极探索。本届论坛活动为北京大学经济学院讲好中国故事、与国际知名专家学者对话交流创造了良好的国际化学术交流平台，为扩大并提升经济学院的国际影响力与国际化水平打下坚实基础，受到参会者一致好评。

北京大学经济学院第二届欧洲论坛：后疫情时代下的全球经济前景

镜头：北京大学经济学院第二届欧洲论坛通过线上会议平台举行

> **题 记**

2020年10月17日下午，北京大学经济学院第二届欧洲论坛通过线上会议平台顺利举行。本次论坛由北京大学经济学院与牛津大学奥利尔学院联合主办，以"后疫情时代下的全球经济前景"为主题，围绕新冠肺炎疫情对全世界经济带来的巨大冲击和深远影响，深入探讨了后疫情时代经济发展的诸多不确定性与其带来的世界各国合作发展新机遇。

新冠肺炎疫情（COVID-19）对全世界经济发展产生了巨大的冲击和影响，后疫情时代亟须世界各国在经济发展的各个领域通力合作。此次论坛的举办汇聚了全球顶尖学者，共话后疫情时代经济发展的前景与机遇，为促进中欧学术界沟通交流搭建了重要平台。

牛津大学新学院资深研究员、应用微观经济学学术召集人艾比·亚当斯－普拉斯尔（Abi Adams-Prassl）首先在论坛上发言。她通过一组翔实的数据和图表展示了新冠肺炎疫情对英美两国在劳动力市场的职位需求和职位空缺上产生的巨大冲击。相较于 2018 年和 2019 年相对平稳的职位招聘需求波动，从 2020 年 4 月开始，英国最大的职位招聘网站的职位信息发布量出现断崖式下跌。截至 2020 年 10 月，该网站职位信息的发布量较同期下降了 46%。艾比·亚当斯－普拉斯尔进一步对比了不同行业的职位空缺情况，数据表明，除了医疗卫生和社会保障行业的就业情况受疫情影响较小，批发零售业、教育业和餐饮业等诸多行业的职位需求发布量均在 2020 年 3—4 月出现急剧下降。从不同城市的分布情况来看，英国首都伦敦受到的冲击最大，职位需求发布量相较于 2019 年同期下降了 52.6%。艾比·亚当斯－普拉斯尔进一步指出，新冠肺炎疫情还加剧了劳动力市场中的性别不平等现象，即女性的劳动参与率显著下降。从美国女性劳动力市场参与率的数据看，自 1985 年以来，女性的劳动参与率经历了较大幅的增长，最高峰曾达到约 60%，而受此次疫情的影响，在短短的几个月内女性的劳动参与率经历了大幅下降。此外，艾比·亚当斯－普拉斯尔将此次疫情的冲击与"大萧条"时期的经济衰退进行对比，发现相较于男性，不同人种女性的失业率均超过了"大萧条"时期，白人女性的失业率甚至达到11.9%，远超"大萧条"时期的7.6%；而男性失业率却并未超过"大萧条"时期。最后，艾比·亚当斯－普拉斯尔提出了未来应对和化解疫情对劳动力市场带来的诸多挑战的新思路。她强调了"远程工作"的必要性和重要性，同时她指出"远程工作"将带来很多新的社会问题，未来仍需要解决随之而来的工作效率和社交问题。此外，自动化和人工智能、职业间的相互转移、职业培训和补贴以及相应的社会保障体系建设，应当成为后疫情时代重要的发展方向。

北京大学国家发展研究院博雅特聘教授、经济与管理学部副主任刘国恩从疫情防控的角度对全世界政府的应对效果进行了总结。他认为，尽管新冠肺炎疫情是一项突发的全球公共卫生事件，但可以发现以中国为代表的诸多防控效果较好的国家在分布上具有一定的"文化集聚性"，而非国家异质性。通过梳理多篇最新发表在顶级医学期刊上的研究结果，他进一步强调，由于不同国家数据上报的精度和误差问题，在识别"政府防控手段"和"疫情防控效果"之间的因果关系上应当格外慎重。随后，他进一步分析了此次疫情对中国经济不同部门的影响：一方面，他强调了不同经济领域受到疫情冲击的影响程度有很大差别，例如酒店和餐饮业受冲击影响最大，而医疗卫生等领域则影响较小。此外，刘国恩教授将此次新冠肺炎疫情的经济冲击与"大萧条"时期进行对比，数据表明，"大萧条"时期耐用品和非耐用品消费受到的冲击最大，而此次疫情主要影响的是服务业的消费情况。另一方面，从总体经济需求的角度看，此次疫情中居民消费受到了巨大冲击，而居民消费恰恰是中国经济发展最主要的驱动力和决定因素之一，后疫情时代消费业的调整和转变对于重振经济、优化产业结构具有重要意义。刘国恩教授认为，尽管新冠肺炎疫情对全世界的经济产生了重大影响并受到了广泛讨论，但我们仍需要关注包括心血管疾病、循环系统疾病、精神疾病、癌症等在内的诸多疾病对人类健康水平和经济生活的重要影响。这类疾病导致的死亡率和死亡人数远远超过此次新冠肺炎的影响，且易感人群更多，因此仍然不能忽视对这类疾病的预防、管理和治疗。此外，考虑到80%左右的新冠肺炎感染病例属于轻症，重症病例中以存在基础疾病和慢性疾病的老年群体居多，刘国恩教授进一步提出在常态化的疫情防控中应当尽快恢复年轻人群的正常工作和学习，维持基本的经济社会发展秩序和运行速度；但同时需要加强对老年人和慢性疾病患者在内的易感人群的保护，尤其是要发挥基层医疗组织和社区医院的重要作用。他提到，目前大规模的公立三甲医院过于拥挤，并没有为老年群体和重症病例提供相对高质量的保护措施和精细化的治疗。为改善这一现状，未来需要极大地发挥基层医疗组织的作用，二级医院和社区医院需要承担大多数非传染性疾病患者初级护理任务，并向家庭护理机构提供专业服务。

苏黎世大学经济系教授马蒂亚斯·霍夫曼（Mathias Hoffmann）以中国贸易冲击对美国金融业的影响为例，讨论了本次疫情对于欧洲银行业发展的影响。他指出，新冠肺炎疫情是经济领域一个重大的再分配冲击，这个冲击永久性地改变了整个经济部门的相对重要性。这与20世纪90年代末以及21世纪初中国贸易冲击对美国银行业整合和部门重组的影响有很多相似之处。因此，他基于此案例的回顾性研究，为金融银行业应对此次疫情冲击提供了一些新思路。首先，他从欧洲银行业整合的发展现状为切入点，强调了银行业整合的重要性以及银行间整合的脆弱性，他认为当前欧洲高度关注银行与银行间的整合，而很少设立跨境贷款或建立跨境分支机构，例如很少有小公司直接或间接通过跨境分支机构从外国银行借款，也很少有家庭向外国银行借款，同时基本没有设立泛欧综合类零售银行。随后，霍夫曼教授详细介绍并回顾了20世纪90年代末以及21世纪初美国银行业整合和中国贸易冲击的背景及发展进程，并引入了理论模型框架，将融资行为同时引入家庭内部和公司层面，并引入了"金融市场开放度"（financial openness）的概念。实证模型结果表明，金融（银行）市场一体化的差异对于1991—2007年间中国贸易冲击对美国本土经济的影响程度非常重要；而早期自由化程度更高的州更好地实现了银行业整合，从而获得了更为便利的融资环境。家庭金融的作用也应当得到重视，家庭获得信贷有助于稳定消费和对当地非贸易品的需求，由此使非贸易价格和工资保持较高水平，并有助于部门再分配。霍夫曼教授进一步指出，类似于当年的中国贸易冲击，此次新冠肺炎疫情也将是一次巨大的再分配冲击。他们的既往研究表明，除了公司金融，家庭金融的发展对于应对危机带来的再分配过程也非常重要。此外，欧洲当前的银行业联盟仍然不完整，全国零售金融市场仍处于细分状态。因此，对于决策者而言，需要尽快完成银行业整合，建立一个共同的存款保险制度，并鼓励银行业跨境合并。

牛津大学纳菲尔德学院经济学讲席教授克劳斯·亚当（Klaus Adam）首先提出了发达经济体面临的四大不利宏观趋势，即增长率长期下降、自然利率长期下降、资产价格波动上升和自然利率波动上升。类似于2008年的全球金融危机，此次疫情也加速了这四种不利的宏观趋势。他结合详细的全球宏观经济数据，分别讨论了此次疫情时期四种宏观趋势的具体情况。他指出，这四种宏观趋势其实可以被连贯地联系在一起，即较低的增长率会带来较低的实际利率，并进一步导致资产价格波动性增加；如果该资产价格波动非有效，会进一步增加自然利率的向上波动。在此基础上，他进一步证明了经济冲击下的资产价格波动并不是完全有效的，并探讨了低增长率对货币政策的影响以及货币政策应如何应对资产价格变动。他认为，不利的宏观趋势对货币政策有深远的影响。这具体表现在以下几个方面：从名义利率和目标通货膨胀水平的角度看，在较低的平均名义利率下，货币政策会更经常受到名义利率的零下限约束；如果自然利率的波动性随着平均自然利率的下降而增加（例如更剧烈和更无效的资产价格波动），则这种影响会更大；如果不能通过降低名义利率来降低实际利率，最优的货币政策反应就需要通过央行承诺实现通货膨胀来降低实际利率。从应对资产价格波动的最优政策选择看，预期信念的波动放大了资产价格的波动，此时资产价格波动具有实际的经济影响（例如通过投资），而投资带来的经济影响有可能是非有效的（例如投资房产带来的房价暴涨）；那么此时最优的货币政策反应就是对资产价格的波动采用逆风策略，在资产价格上涨时予以抑制，反之亦然。亚当教授进一步指出，扭转这些不利宏观趋势的核心就在于促进长期增长趋势。

北京大学经济学院刘民权教授基于本次新冠肺炎疫情在全球范围发展的背景，从流行病学角度讨论了应对疫情的强政府治理体系的建立。他以"西班牙流感"和新冠肺炎疫情两次全球重大疫情为时间节点，回顾了从流行病学角度的最优疫情应急政策到流行病学的强政府治理体系的发展。刘民权教授首先介绍了"流行病学的强政府治理体系"（Epidemiologically Strong Governance Systems, ESGS）的概念和内涵。ESGS指的是政府履行某些工具性职能，以最好地保护民众免受流行病威胁，同时充分尊重政治体制应有的一些内在价值取向。刘民权教授将ESGS嵌入一个更为广泛的灾害应急治理体系（Disaster-Response Governance，DRG）分析框架中，大流行病疫情被视为国家遭受的突发重大灾害，政府的职能是对其做出快速且有效的响应。这一体系有两大支柱——制度和文化。此后，刘民权教授从灾害风险类型维度和政府治理模式维度对各国的灾害应急治理制度进行了分类。灾害风险类型维度指的是灾害应急治理制度对于不同类型的灾害进行分散化分别应急还是全风险集中应急。政府治理模式维度指的是一国中央政府与地方政府的关系是权力集中还是权力分散。刘民权教授指出，全风险集中应急体制具有三大优势——有助于防控次生灾害和复合灾害，有助于应对"小概率、大影响"风险，有利于资源和人员的整合利用；权力集中型治理模式具有三大优势——能够更好地响应跨行政区的灾害，能够更好地协调跨行政区的响应行动，能够更好地调动资源和人员进行跨行政区部署。因此，理想的灾害应急治理体系是全风险集中型灾害应急体制和权力集中型应急治理模式的结合。然后，刘民权教授从文化和政治哲学角度剖析了大流行病时期政府与人民的关系。他指出，西方文化中强调个人自由和权利，这在政治哲学层面根源于近代罗尔斯（Rawls）等人倡导的社会契约论，把最大可能范围的个人自由看作一个社会最应该优先争取的，其次才考虑其他事项。这种政治哲学也许适用于一般情况。但是，如果行使所约定的最大范围的个人自由的代价是更多人失去生命，而在目前新冠肺炎疫情下全球情况正是如此，那些个人自由还应该是人们所争取的吗？刘民权教授指出，在西方政治哲学中，早期的社会契约论家如卢梭等也曾强调追求集体利益的重要性，以及个人利益需在一定条件下服从集体利益的观点。但在西方，这样的观点被随后兴起的罗尔斯的社会契约论所取代了，代表了近代西方社会在文化层面整体朝神圣化个人自由方向演变的趋势。然而，这种趋势的弊病在这次新冠肺炎疫情中被充分地显现出来了。直至今日，西方许多国家还有不少民众打着捍卫个人自由、个人权利的大旗，抵制其政府推出的已经姗姗来迟的各种疫情防控措施。对于这种行动的生命代价，他们几乎是不予考虑的。刘民权教授指出，没有任何一种社会契约观念是可以被绝对化的。在灾害条件下，为了实现社会福利的最大化，需要一种适应于灾害状态的社会契约观。在灾害状态下，民众应该摒弃其原来享有的某些个人自由，更加主动地服从政府安排，以方便政府充分地发挥其保护性角色。民众的这一姿态和行事准则，在中国被叫作底层自觉，这被认为是中国疫情防控取得良好成效的重要原因之一。在刘民权教授看来，各国在灾害状态下的底层自觉程度，以及强制性政策的施行范围和力度，构成了各国应对新冠肺炎疫情治理体系并决定其成效的两个主要维度。最后，刘民权教授回顾了温斯洛（Winslow）对公共卫生的经典定义："公共卫生是关于通过有组织的社区努力来预防疾病、延长寿命、促进身体健康和提高效益的科学与艺术。"刘民权教授强调，公共卫生既是一门"科学"，也是一门"艺术"，除了依赖科学知识，还需注重干预措施的"艺术性"，即如何更好地把科学与实践结合起来的艺术，如何更好地在缺乏相关科学知识的情况下展开干预行动的艺术，以及如何更好地在采取行动时把政府和社会各界力量组织起来的艺术。

思克莱德大学经济系主任、阿兰德弗雷泽研究院主任格雷姆·罗伊（Graeme Roy）教授着重分析了新冠肺炎疫情对人的工作场所、工作方式和工作效率的影响，并提出后疫情时代下工作场所选择的发展趋势。他强调，此次疫情对经济的影响首先反映在对人们工作方式和效率的影响上，例如办公场所和学校的关闭带来了工作场所前所未有的改变，尤其是对工作时间和工作场所提出了更为灵活的要求。罗伊教授表示赞同艾比·亚当斯－普拉斯尔提出的远程工作可能会降低工作效率的担忧。他从劳动生产率、管理效率、工作质量、商业沟通成本的角度指出了居家工作带来的影响。他指出，工作场所对于工作质量有着至关重要的影响，因为技术的传播不仅与发展有关，而且与技术使用者的技能有关。集体工作中员工参与度（包括反馈机制）、工作场所创新、有效的工作设计、框架同伴互动与支持都对工作质量和工作效率有重要影响。罗伊教授通过进一步梳理文献指出，目前关于居家工作与工作效率之间的关系在学术界还存在诸多争议。具体而言，从正面渠道看，有学者认为居家工作可以增加幸福感，提高工作质量；从职业匹配的角度看，居家工作能够更好地实现技能匹配、减少职业降级，从而扩大招聘的范围；一项关于电话呼叫中心的随机对照试验结果表明，居家工作使工作效率提升了13%。而从负面渠道看，居家工作可能会使对员工绩效和努力程度的监督变得更加困难；由于减少了社交、沟通和团队参与感，该工作方式也会带来创新、团队合作、解决问题、同伴压力的下降等问题，从而导致管理层面实施改革和绩效管理变得更加困难。此外，居家工作还会带来技术使用方面的挑战。基于这些既往研究结论，罗伊教授认为，现实往往是十分复杂的，不同文化背景和产业背景的工作都有着极强的异质性，很难直接通过简单的统计方法识别居家工作与工作效率之间的因果关系。最后，他从宏观经济背景、不平等程度、不同主体和角色工作场所偏好等方面讨论了未来居家工作的发展趋势和影响因素。

本次论坛的举办汇聚了全球顶尖学者共话后疫情时代经济发展的前景与机遇，为师生接触国际前沿研究成果、促进中欧学术界沟通交流、推动国际新型知识社区建设搭建了重要的平台。

参考文献

1. BARRO ROBERT. On the determination of public debt[J].Journal of Political Economy, 1979, 87: 940-971.

2. BURDETT K, JUDD K. Equilibrium price dispersion[J]. Econometrica, 1983, 51: 955-969.

3. BURDETT K, TREJOS A, WRIGHT R. A new suggestion for simplifying the theory of money[J]. Journal of Economic Theory, 2017, 172: 423-450.

4. DE JONG J D VAN DEN BRINK-MUINEN A, GROENEWEGEN P P. The dutch health insurance reform: switching between insurers, a comparison between the general population and the chronically ill and disabled[J]. BMC Health Services Research, 2008, 8(1): 58-67.

5. DIAMOND PETER A. Aggregate demand management in search equilibrium[J]. Journal of Political Economy, 1982, 90(5): 881-894.

6. ELLSBERG D. Risk, ambiguity, and the savage axioms[J]. Quarterly Journal of Economics, 1961, 75: 643-669.

7. FERRARIS L,WATANABE M. Collateral fluctuations in a monetary economy[J]. Journal of Economic Theory, 2011, 146: 1915-1940.

8. GU C WRIGHT R. Monetary mechanisms[J]. Journal of Economic Theory, 2016, 163: 644-657.

9. HENDRIKS M, DE JONG J D, VAN DEN BRINK-MUINEN A, GROENEWEGEN P P. The intention to switch health insurer and actual switching behavior: are there differences between groups of people? [J]. Health Expectations,

2009, 13(2): 195-207.

10. HOPENHAYN H. Entry, exit, and firm dynamics in long run equilibrium[J]. Econometrica, 1992, 60: 1127-1150.

11. HOSIOS A J. On the efficiency of matching and related models of search and unemployment[J]. Review of Economic Studies, 1990, 57: 279-298.

12. HU T-W, KENNAN J, WALLACE N. Coalition-proof trade and the friedman rule in the lagos-wright model[J]. Journal of Political Economy, 2009, 117: 116-137.

13. JENSEN M C. Agency costs of free cash flow, corporate finance, and takeovers[J]. American Economic Review, 1986, 76: 323-329.

14. JULIEN B, KENNES J, KING I. Bidding for money[J]. Journal of Economic Theory, 2008, 142: 196-217.

15. KALAI E. Proportional solutions to bargaining situations: interpersonal utility comparisons[J]. Econometrica, 1977, 45: 1623-1630

16. KIYOTAKI N WRIGHT R. On money as a medium of exchange[J]. Journal of Political Economy, 1989, 97: 927-954.

17. KIYOTAKI N, WRIGHT R. A contribution to the pure theory of money[J]. Journal of Economic Theory, 1991, 53: 215-235.

18. KIYOTAKI N, WRIGHT R. A search-theoretic approach to monetary economics[J]. American Economic Review, 1993, 83: 63-77.

19. KOCHERLAKOTA N. Money is memory[J]. Journal of Economic Theory, 1998, 81: 232-251.

20. LAGOS R, ROCHETEAU G. Inflation, output, and welfare[J]. International Economic Review, 2005, 46: 495-522.

21. LUCAS ROBERT E. Inflation and welfare[J]. Econometrica, 2000, 68: 247-274.

22. LUCAS ROBERT E. Asset prices in an exchange economy[J]. Econometrica, 1978, 46(6): 1429-1445.

23. MORTENSEN D. Property rights and efficiency in mating, racing, and related games[J]. American Economic Review, 1982, 72: 968–979.

24. R LAGOS R WRIGHT. A unified framework for monetary theory and policy analysis[J]. Journal of Political Economy, 2005, 113(3): 463–484.

25. ROCHETEAU G, WRIGHT R. Liquidity and asset market dynamics[J]. Journal of Monetary Economics, 2013, 60: 275–294.

26. SAVAGE L. The foundations of statistics[M]. New York: Wiley, 1954.

27. SHI S. Money and prices: a model of search and bargaining[J]. Journal of Economic Theory, 1995, 67: 467–496.

28. SIGNORINO CURTIS S, JEFFREY M RITTER. Tau-b or not tau-b:measuring the similarity of foreign policy positions[J]. International Studies Quarterly, 1999, 43(1): 113–144.

29. TREJOS A, WRIGHT R. Search, bargaining, money, and prices[J]. Journal of Political Economy, 1995, 103: 118–141.

30. VAN ROOIJEN M R, DE JONG J D, AND RIJKEN, M. Regulated competition in health care: switching and barriers to switching in the Dutch health insurance system[J]. BMC Health Services Research, 2011, 11(1): 95–105.

31. VINCENT P CRAWFORD, JOLE SOBEL. Strategic information transmission[J].Econometrica, 1982, 50(6): 1431–1451.

32. WALLACE N, ZHU T. Float on a note[J]. Journal of Monetary Economy, 2007, 54: 229–246.